PASSO A PASSO DA MEDIAÇÃO
DENTRO DE UMA VISÃO SISTÊMICA
2ª EDIÇÃO

Editora Appris Ltda.
2ª Edição - Copyright© 2020 dos autores
Direitos de Edição Reservados à Editora Appris Ltda.

Nenhuma parte desta obra poderá ser utilizada indevidamente, sem estar de acordo com a Lei nº 9.610/98. Se incorreções forem encontradas, serão de exclusiva responsabilidade de seus organizadores. Foi realizado o Depósito Legal na Fundação Biblioteca Nacional, de acordo com as Leis nºs 10.994, de 14/12/2004, e 12.192, de 14/01/2010.

Catalogação na Fonte
Elaborado por: Josefina A. S. Guedes
Bibliotecária CRB 9/870

O482p
2020
	Oliveira, João Alberto Santos de
	    Passo a passo da mediação: dentro de uma visão sistêmica /
	João Alberto Santos de Oliveira. - 2. ed. – Curitiba: Appris, 2020.
	    101 p. ; 23 cm. – (Artêra).
	
	    Inclui bibliografias
	    ISBN 978-65-86034-94-3
	
	    1. Mediação. 2. Negociação. I. Título. II. Série.
	
	                                                             CDD – 158.1

Livro de acordo com a normalização técnica da ABNT

Appris
editora

Editora e Livraria Appris Ltda.
Av. Manoel Ribas, 2265 – Mercês
Curitiba/PR – CEP: 80810-002
Tel. (41) 3156 - 4731
www.editoraappris.com.br

Printed in Brazil
Impresso no Brasil

João Alberto Santos de Oliveira

PASSO A PASSO DA MEDIAÇÃO
DENTRO DE UMA VISÃO SISTÊMICA

2ª Edição

FICHA TÉCNICA

EDITORIAL	Augusto V. de A. Coelho
	Marli Caetano
	Sara C. de Andrade Coelho
COMITÊ EDITORIAL	Andréa Barbosa Gouveia (UFPR)
	Jacques de Lima Ferreira (UP)
	Marilda Aparecida Behrens (PUCPR)
	Ana El Achkar (UNIVERSO/RJ)
	Conrado Moreira Mendes (PUC-MG)
	Eliete Correia dos Santos (UEPB)
	Fabiano Santos (UERJ/IESP)
	Francinete Fernandes de Sousa (UEPB)
	Francisco Carlos Duarte (PUCPR)
	Francisco de Assis (Fiam-Faam, SP, Brasil)
	Juliana Reichert Assunção Tonelli (UEL)
	Maria Aparecida Barbosa (USP)
	Maria Helena Zamora (PUC-Rio)
	Maria Margarida de Andrade (Umack)
	Roque Ismael da Costa Güllich (UFFS)
	Toni Reis (UFPR)
	Valdomiro de Oliveira (UFPR)
	Valério Brusamolin (IFPR)
ASSESSORIA EDITORIAL	Alana Cabral
REVISÃO	Pâmela Isabel Oliveira
PRODUÇÃO EDITORIAL	Lucas Andrade
DIAGRAMAÇÃO	Renata Policarpo
CAPA	João Augusto Nascimento de Morais
COMUNICAÇÃO	Carlos Eduardo Pereira
	Débora Nazário
	Karla Pipolo Olegário
LIVRARIAS E EVENTOS	Estevão Misael
GERÊNCIA DE FINANÇAS	Selma Maria Fernandes do Valle

AGRADECIMENTOS

A Deus.

À minha esposa, Ana Lúcia, e meus filhos: Daniel, Carolini e João Gabriel.

Ao meu pai, Orlando (*in memoriam*), e à minha mãe, Ignez.

Aos meus irmãos: Vana, Carlos (*in memoriam*), Marcos e, em especial, à Kátia, que revisou e prefaciou a primeira edição da obra.

À Dr.ª Fernanda Levy, presidente do CONIMA, que prefaciou a segunda edição.

Ao Dr. José Wylliam SIlva Menezes, que revisou a 2ª edição.

À minha professora de Espanhol, Milagros Fernández.

À colaboradora do Instituto Sergipano de Arbitragem e Mediação – ISAM, Aparecida Ramos.

A Ancelmo de Oliveira, sempre apoiando as minhas iniciativas.

PREFÁCIO

O livro *Passo a passo da mediação: dentro de uma visão sistêmica* retrata a personalidade de seu autor. Com ritmo calmo, João Alberto conduz o leitor a conhecer a prática da mediação de maneira simples e didática.

João Alberto esclarece que sua ideia ao fazer o livro tem por objetivo apresentar aos leitores como é possível conduzir o procedimento da mediação de maneira tranquila e consegue atingir seu intento. Para aqueles que já tiveram a oportunidade de conhecer João pessoalmente, reconhecerão seu jeito de ser no mundo, seu modo de falar, suas palavras e seus pensamentos em cada linha da obra.

A proposta que o título apresenta parece ser endereçada a iniciantes no universo dos meios consensuais de gestão de conflitos, mas engana-se aquele que pensar somente dessa maneira. Esse convite é feito para todos nós, iniciantes, praticantes e experientes em mediação. Nada mais complexo do que traduzir teoria em prática em linguagem acessível. Preservar a simplicidade e a informalidade da mediação significa honrar sua essência e é justamente nesse sentido que nos conduz o autor.

Ao percorrer os caminhos do procedimento de mediação, explicando o papel do mediador, as fases e técnicas da mediação, o autor apresenta exemplos de diálogos entre os envolvidos, o que torna o texto e contexto muito reais. João Alberto é generoso, compartilha sua experiência, seus passos na mediação para que outros sigam caminhos próprios.

A obra também demonstra autenticidade e transparência e João não se furta a enfrentar questões sensíveis. O autor expõe seus entendimentos e inquietudes de maneira clara, por vezes, levantando polêmicas, sendo extremamente direto e corajoso, por exemplo, quando se refere aos interesses da advocacia deixando a pergunta no ar: "o direito é para atender os interesses e necessidades das partes ou dos advogados?".

De seu lugar de advogado, com pertencimento, João Alberto fala e dirige-se aos seus pares, com franqueza arrebatadora e oferece respostas. Critica construtivamente para provocar mudanças em prol de um bem maior, certamente levanta poeiras ou quiçá tempestades ao tocar em pontos tão sensíveis como a remuneração dos advogados e o ambiente de mediação. João Alberto faz um forte convite a seus colegas advogados a fazerem uma mudança de comportamento de advogado litigante para advogado colaborativo. E se faz exemplo.

O livro também apresenta o tema constelações sistêmicas e o advogado sistêmico. Breves palavras que abrem janelas para novos horizontes da advocacia, segundo o autor "um novo olhar para o conflito, valorizando o ser humano, buscando a paz social".

Conheci João Alberto no contexto do Conselho Nacional das Instituições de Mediação e Arbitragem – CONIMA. Buscávamos alguém que pudesse exercer a função de superintendente em Sergipe e ganhamos um forte aliado.

Ao longo de seus 22 anos de existência, o CONIMA desenvolve suas atividades em âmbito nacional, por meio de pessoas que dedicam de maneira voluntária seu tempo e seus esforços na construção e fomento das boas práticas dos meios privados de solução de controvérsias.

Assim chegou João Alberto, filho exemplar de Dona Ignez, pai de Daniel, Carolini e João Gabriel e esposo querido de Ana Lúcia. Com calma e persistência, sempre presente para auxiliar e, mais do que tudo, para promover ações efetivas para o desenvolvimento da mediação, João integra a família CONIMA.

O livro que ora tenho a alegria de prefaciar chega a sua segunda edição. Certamente, virão muitas outras. Sucesso, sempre.

Fernanda Rocha Lourenço Levy
Mediadora. Doutora em Direito das Relações Sociais pela PUC/SP. Presidente do CONIMA.

SUMÁRIO

INTRODUÇÃO.. 11

1
A IMPORTÂNCIA DO DIREITO PARA A SOCIEDADE E OS ADVOGADOS... 13
   1.1 O Direito serve para atender aos interesses e às necessidades de quem?........ 13
   1.2 O que é fazer justiça?... 13

2
A MEDIAÇÃO... 15
   2.1 O princípio da mediação 15
   2.2 Métodos extrajudiciais de resolução de conflitos 17
      2.2.1 Negociação... 17
      2.2.2 Conciliação.. 17
      2.2.3 Arbitragem 17
      2.2.4 Mediação... 17
   2.3 A importância da pré-mediação 18
   2.4 A preparação do espaço e do ambiente.................................... 21
      2.4.1 As câmaras privadas.. 22
      2.4.2 O ambiente da mediação nos Tribunais de Justiça.................. 24
   2.5 Ferramentas da mediação... 25
      2.5.1 Escuta ativa... 26
      2.5.2 Acolhimento e legitimação.. 27
      2.5.3 Parafraseamento 28
      2.5.4 Como perguntar?.. 29
      2.5.5 Reuniões (conjuntas e privadas).................................. 33
      2.5.6 Reposicionamento do conflito..................................... 35
      2.5.7 Chuva de ideias (*brainstorming*)................................ 35
      2.5.8 Resumo... 36
      2.5.9 Espelho 37
      2.5.10 Agenda... 37
      2.5.11 Constelação sistêmica... 38

3
AS PARTES ENVOLVIDAS NA MEDIAÇÃO 43
3.1 As partes litigantes 43
3.2 O mediador 45
3.2.1 Quem pode ser mediador? 45
3.2.2 O que se espera do mediador? 46
3.2.3 O comportamento do mediador e a sua postura 46
3.2.4 A coragem do mediador 46
3.3 O papel do advogado na mediação 47
3.3.1 O advogado litigante 50
3.3.2 O advogado colaborativo 51
3.3.3 O advogado sistêmico 52

4
O PROCEDIMENTO 55
4.1 Etapas do procedimento 55
4.1.1 Primeira etapa: reunião inicial 55
4.1.2 Segunda etapa: a identificação das posições 58
4.1.4 Quarta etapa: a busca pelos interesses e necessidades 63
4.1.5 Quinta etapa: geração de ideias, opções e propostas 70
4.1.6 Sexta e última etapa: o acordo e o encerramento da mediação 72

CONCLUSÃO 73

REFERÊNCIAS 75

LEI 13.140, DE 26 DE JUNHO DE 2015 77

ANEXOS 91

INTRODUÇÃO

Os métodos extrajudiciais de resolução de conflitos já vêm sendo debatidos faz alguns anos, tendo já sido explorados em diversos livros e artigos científicos. Neste livro, vamos tratar de um desses métodos, a Mediação, que já vem sendo utilizado pelo Poder Judiciário e, com o advento da Lei de Mediação de nº 13.140 e do Novo Código de Processo Civil, passou a ter uma maior repercussão no meio jurídico brasileiro.

O tema *mediação* é novo e palpitante, tendo ainda muito que ser explorado. Quando pensamos em conflito, o primeiro pensamento que vem ainda é procurar um advogado e ingressar com um processo judicial em busca de uma sentença proferida por um juiz. Este é quem vai dizer quem tem razão. Quem está certo e quem está errado.

Quando trabalhamos com conflitos, verificamos que a solução pode ir além de uma decisão judicial. O juiz decide de acordo com a verdade exposta, isto é, aquilo que foi colocado no processo (desde a petição inicial, passando pela produção de provas – documentais e testemunhais –, até o momento das considerações finais). Essa atuação técnica impede que o juiz saiba o que tem por trás do conflito apresentado no processo. Geralmente, são questões profundas que não foram expostas, por receio ou medo do que pode ocorrer ou por não ter consciência do que realmente está acontecendo.

Por meio da mediação, as partes podem analisar as causas que os levaram ao conflito e encontrar uma solução que atenda aos interesses e às necessidades de ambas.

Na mediação, não existe fórmula para resolver o conflito, senão o diálogo e o entendimento entre os envolvidos, porque aqui não prevalece a lei. Portanto, os conflitos são diferentes, dinâmicos, e cada pessoa tem a sua maneira de encarar (ou se preferir, não) as suas próprias características, os seus limites, e isso vai depender do tipo do litígio, do local onde ocorreu, do estado de espírito das pessoas para tentar resolvê-los.

Cada caso é um caso, e cada pessoa é única. Muitas vezes, surpreendemo-nos com o que surge durante o procedimento. Conflitos que aparentemente são fáceis de resolver podem exigir mais habilidade e paciência do mediador para conduzi-los; já outros litígios que aparentam ser complicados, em que encontramos as partes e os **advogados** bastante litigantes, conseguimos resolver de uma forma mais rápida e tranquila.

Para conduzir o procedimento, o **mediador** tem de estar preparado técnica e psicologicamente para enfrentar as situações adversas que podem ser apresentadas e, se não souber coordená-las, corre o risco de perder o controle da mesa e encerrar a mediação sem sucesso.

A ideia de fazer este livro é com o objetivo de apresentar aos leitores como é possível conduzir o procedimento da mediação de uma maneira mais tranquila, passo a passo, iniciando com a pré-mediação, que orienta como poderá ser preparado o local, o ambiente, as cores, os móveis, as principais técnicas e ferramentas da mediação, e finalizando com a condução de todo o procedimento a um acordo, sempre e quando for possível.

Também o livro destaca uma nova técnica que poderá ser utilizada para ajudar na resolução dos conflitos, que são as constelações sistêmicas, disseminadas em diversos países pelo terapeuta alemão Bert Hellinger e introduzidas no Poder Judiciário brasileiro pelo juiz do estado da Bahia, Dr. Sami Storch, que identificou um novo Direito, o Sistêmico.

Para atuar no Direito Sistêmico, é preciso uma mudança no perfil do advogado, que passa a ver o conflito não mais de uma forma individual, como é o modelo tradicional, mas sim de uma maneira sistêmica. É um novo olhar para o conflito que vai interferir na dinâmica da sua resolução.

Por fim, o livro conduz o leitor a conectar-se a todas as etapas do procedimento, desde a pré-mediação, que já é uma preparação das partes para participar da mediação, já com uma visão colaborativa e sistêmica, até a fase de encontrar e construir uma solução que possa satisfazer aos interesses e às necessidades das partes envolvidas.

A IMPORTÂNCIA DO DIREITO PARA A SOCIEDADE E OS ADVOGADOS

1.1 O Direito serve para atender aos interesses e às necessidades de quem?

Ainda há uma barreira entre os advogados para utilizar a mediação na resolução das controvérsias. Em primeiro, pela falta de conhecimento do método e dos benefícios, preferindo continuar no comodismo do processo judicial. Em segundo, porque os advogados querem mais. Querem tudo que têm direito. Ainda que seu cliente satisfaça-se com menos e não queira prolongar o processo e o sofrimento em esperar uma resposta do Poder Judiciário. Para o cliente, nem sempre o que importa é o valor ou o patrimônio, senão o que realmente importa é a paz. Em compensação, para o advogado quanto maior for o valor da conquista no processo, maior serão seus honorários. É por isso que existem advogados que desestimulam o cliente a aceitar o acordo porque enxerga a possibilidade de um ganho maior.

Nesse caso, pode haver uma divergência de interesses entre o advogado e o seu cliente. A parte prefere fazer de imediato um acordo mesmo que tenha que reduzir o seu direito; já o advogado não quer que o cliente aceite o acordo porque vai receber um valor menor de honorários, preferindo que o processo prolongue-se por mais tempo. Somente assim existe a possibilidade de obter um ganho maior.

Diante desse contexto, o Direito é para atender aos interesses e às necessidades das partes ou dos advogados?

1.2 O que é fazer justiça?

Quando ocorre um conflito, a primeira coisa que as pessoas anseiam e reclamam é: fazer justiça. Mas o que é fazer justiça?

Cada pessoa tem uma ideia diferente para responder a essa pergunta. O juízo ou "pré-juízo" de fazer justiça está vinculado aos valores que fazem parte da formação de cada um de acordo com a formação familiar, religiosa, ideológica, política, cultural, escolar e do ambiente em que vive. Esses valores fazem parte da identidade das pessoas e ajudam na formação de seus conceitos e "pré-conceitos".

Ao enfrentar determinada situação conflitante, cada um interpreta e se comporta de maneira diferente. Depende muito da pessoa e da forma que surgiu ou como foi apresentada. Cada caso é um caso. Pode variar de acordo com o comportamento das partes, do tom de voz e do reconhecimento ou não de quem causou.

Diante de um conflito, as pessoas comportam-se de várias maneiras, podendo confrontar, negociar, evitar, renunciar ou simplesmente ceder, mesmo sabendo que tem a razão. Quando enfrentam a disputa por meio da negociação e não conseguem encontrar uma solução, procuram um terceiro para ajudar a solucionar o conflito, seja de uma forma amigável como a conciliação ou mediação, seja por meio de uma decisão judicial ou arbitral.

Para muitas pessoas, incluindo os advogados, somente há uma forma de solucionar a controvérsia, que é por meio do processo judicial, com uma sentença proferida por um juiz. Está enraizado em nossa cultura que o Estado, por meio do Poder Judiciário, é quem tem autoridade e competência para solucionar o impasse em que estão envolvidas duas ou mais partes.

Ao invés de procurar a outra parte para tentar resolver o impasse por meio do diálogo, a parte, chateada por estar em conflito, procura um advogado para que este encontre uma solução. Por outro lado, o advogado, depois de assinado o contrato de prestação de serviços jurídicos, também poderá procurar a outra parte para tentar uma solução amigável para a disputa, por meio da negociação. Mas ainda convivemos com a cultura do conflito e do processo. Porém, quando o advogado é contratado, ele pode orientar seu cliente a resolver a disputa por meio de outros métodos extrajudiciais além da solução estatal. Esses métodos são a negociação, a conciliação, a mediação e a arbitragem.

2

A MEDIAÇÃO

2.1 O princípio da mediação

Durante toda a história da humanidade, ocorreram conflitos de toda a natureza, seja nas disputas por territórios, seja nas disputas pessoais e comerciais. Algumas destas eram resolvidas por meio de batalhas ou lutas corporais que acabavam sempre com um vencido e um vencedor. Porém a mediação vem sendo utilizada desde as civilizações antigas (Grega e Romana), bem como em outras culturas, a exemplo da islâmica, hindu, chinesa e japonesa, e também nos litígios bíblicos, em que já se utilizava a mediação para resolução de conflitos.[1]

A princípio, a mediação era praticada para resolução de conflitos pessoais, principalmente familiares, muito utilizada na China na década de 50 por meio dos Tribunais de Conciliação. Foi também no período pós-guerra que os Estados Unidos desenvolveram os métodos extrajudiciais de solução de conflitos, entre eles a mediação para reduzir a grande quantidade de processos judiciais que eram ingressados no Poder Judiciário.[2]

A partir daí, foi disseminada em todo o território americano, assim como na Europa e nos países asiáticos, a mediação para resolução de conflitos, aumentando a utilização do método nos casos de litígios empresariais.

Apesar de o termo *mediação* ter passado a fazer parte do vocabulário jurídico brasileiro há pouco tempo, em outros países a utilização dessa técnica não tem sido assim. A palavra *mediação* vem do latim "mediare" que significa "intervir" em uma relação de pessoas ou empresas para ajudar a resolver um conflito.

No Brasil, por muito tempo, esse termo não era conhecido. Muito se falava em conciliação e arbitragem como métodos extrajudiciais de resolução de conflitos, métodos esses que chegaram às terras brasileiras, na época do descobrimento (1500) e da colonização, por meio das Ordenações

---

[1] Disponível em: https://pt.wikipedia.org/wiki/Media%C3%A7%C3%A3o. Acesso em: 14 mar. 2017.
[2] Disponível em: https://pt.wikipedia.org/wiki/Media%C3%A7%C3%A3o. Acesso em: 14 mar. 2017.

Manuelinas (1514) e das Ordenações Filipinas (1603) – Livro III, Título XX, § 1º. Institutos que foram incluídos na Constituição Imperial de 1824.[3]

Na década de 1990, com o movimento para desenvolver os métodos extrajudiciais de resolução de conflitos, vários países da América Latina, inclusive o Brasil, criaram projetos de lei para a regulamentação dos procedimentos de arbitragem e mediação. No Brasil, no ano de 1996, foi promulgada a Lei de Arbitragem de nº 9.307.[4]

Já o tema da mediação, que foi tratado no Projeto de Lei do Senado de nº 246/1996, não foi prestigiado. Naquela época, não havia interesse em continuar com as discussões. Assim, a mediação ficou "esquecida", sendo dada a prioridade na conciliação e na arbitragem. Porém, com o aumento crescente e assustador da quantidade de processos judiciais nos tribunais brasileiros, o Poder Judiciário começou a estimular outros métodos de resolução de conflitos, e, ainda sem ter lei específica, no início do século XXI, foram desenvolvidos estudos referentes à mediação para ser aplicada nos processos judiciais, e a partir de 2010, os tribunais de justiça passaram a utilizar a mediação para ajudar a reduzir a grande quantidade de processos que já se avolumavam.

No ano de 2014, surgiu uma nova tentativa de aprovar a lei de mediação, por meio do Projeto de Lei nº 7.169, que tratava da regulamentação da mediação judicial e extrajudicial. Em 26 de junho de 2015, finalmente o projeto foi aprovado e se tornou o marco da mediação no Brasil, por meio da Lei nº 13.140.

Paralelamente, em 16 de março de 2015, também foi aprovado o Novo Código de Processo Civil Brasileiro, que em seu artigo 165 e seguintes trata do procedimento de conciliação e da mediação, passando a ter validade um ano depois, ou seja, 16 de março de 2016.

Com a entrada em vigor dessas leis, houve um maior estímulo para implantar a mediação nos tribunais de todo o País, estimulando também o crescimento da mediação extrajudicial, com o aumento de número de câmaras de mediação e arbitragem em todo o território brasileiro.

---

[3] Disponível em: https//conteudojuridico.com.br/artigo,o-instituto-da-conciliacao-no-codigo-de-processo-civil-brasileiro-e-no- anteprojeto-do-novo-codigo-em-discussao,43759.htm – citando a Constituição Política do Império do Brasil, de 25/03/1824.

[4] OLIVEIRA, João Alberto Santos de. *Métodos Adecuados de Solución de Conflictos*: Una Perspectiva en Brasil. Aracaju: Imphografic's, 2015. p. 14.

2.2 Métodos extrajudiciais de resolução de conflitos

2.2.1 Negociação

É um método de resolução de conflitos que uma das características é o diálogo entre as partes sem a intervenção de um terceiro. Uma das partes que está em conflito, pessoalmente ou acompanhada de advogado, procura a outra para, juntas, encontrarem e construírem uma melhor solução que atenda aos interesses e às necessidades de ambas.

2.2.2 Conciliação

Quando as partes não conseguem o entendimento entre elas e não há mais diálogo, procuram um terceiro para ajudar a resolver o conflito, seja ele o conciliador, o mediador, o árbitro ou o juiz.

O conciliador é um terceiro neutro e imparcial que ajuda as partes para que elas encontrem uma saída, e, se não chegam a uma solução, ele interfere e apresenta uma proposta que atenda melhor ao interesse das partes.

2.2.3 Arbitragem

É um método extrajudicial de resolução de conflitos em que as partes elegem um terceiro imparcial, o árbitro, para julgar como se fosse um juiz estatal. Esse método é muito utilizado em conflitos mercantis que envolvem empresas industriais, comerciais, da construção civil e órgãos estatais. A administração pública brasileira ainda utiliza timidamente o procedimento arbitral. A opção pela arbitragem é feita por ser um método mais célere, que, em regra, não tem a possibilidade de recurso. Ainda, é um procedimento informal e sigiloso, podendo o árbitro ser um especialista que atue profissionalmente na mesma área que envolve o litígio.

2.2.4 Mediação

O tema do nosso estudo, a mediação, é um método de resolução de conflitos que se assemelha à conciliação. A diferença básica é que, enquanto na conciliação o terceiro dá a sua opinião que vem ajudar na solução do conflito, o mediador, procura, por meio das técnicas inerentes ao método, restabelecer o diálogo para que as partes apresentem ideias que gerem opções e propostas para a solução da controvérsia. Porém a principal diferença é que na mediação há uma maior investigação na busca das causas de conflito, estimulando, com as ferramentas e técnicas necessárias, às partes a saírem das posições apresentadas para que possam encontrar uma saída que atenda aos interesses e às necessidades de todos.

Para que a mediação consiga o seu objetivo, é necessária a participação efetiva do advogado para encontrar uma solução adequada para as partes, o que nem sempre acontece. O que ocorre algumas vezes é que o advogado não vislumbra a possibilidade de uma composição, já que pode haver uma redução na expectativa do recebimento dos seus honorários e não estimula (ou desestimula) seu cliente a encontrar uma solução amigável.

2.3 A importância da pré-mediação

Quando alguém vai a um centro de mediação para solucionar um conflito, é um forte indício de que deseja buscar a melhor maneira de encontrar uma solução adequada e evitar uma decisão judicial. Por isso o centro de mediação deverá estar preparado para todo o procedimento, inclusive para a pré-mediação.

Geralmente a pré-mediação é feita por meio de uma reunião individual. Primeiro com a parte que deu o início ao procedimento e, depois, com a outra parte, para que todos possam tomar conhecimento do funcionamento da câmara. Também é possível fazer uma reunião inicial com ambas as partes. Assim, se concordarem, assinam o contrato de prestação de serviço do procedimento da mediação.[5]

A primeira reunião pode ser individual ou conjunta com o mediador ou secretário-geral da câmara. Essa reunião é importante também para avaliar se os ânimos dos litigantes estão propensos a uma solução adequada para o conflito ou não. Essa identificação ajuda o mediador a preparar uma estratégia para conduzir o procedimento.[6]

A pré-mediação é uma fase fundamental para dar seguimento ao procedimento de mediação. Começa com o acolhimento; e tanto a parte que ingressa com o pedido quanto a outra parte, querem ser bem recebidas

---

[5] ALMEIDA, Tania. *Caixa de ferramentas na mediação:* aportes práticos e teóricos. São Paulo: Dash, 2013. p. 38.
[6] NETO, João Baptista de Mello e Souza. *Mediação em juízo:* abordagem prática para obtenção de um acordo justo. 2. ed. São Paulo: Atlas, 2012. p. 8.

e acolhidas pelos funcionários da câmara. Estes têm de ser cordiais com os participantes e devem estar preparados tecnicamente para dar as informações necessárias sobre o procedimento e o funcionamento da instituição.

É importante lembrar que a recepção é a porta de entrada de qualquer empresa. É na recepção que o cliente tem o primeiro contato com a câmara, seja pessoalmente ou por telefone, por isso os funcionários do centro de mediação têm de ser bem treinados para proporcionar confiabilidade ao interessado e, com isso, viabilizar a contratação do serviço.

Quando o interessado recebe o primeiro atendimento, apresenta o caso, de forma resumida, para um mediador ou o secretário-geral do centro de mediação responsável pela distribuição do procedimento, que explica o funcionamento da câmara, bem como apresenta os custos do procedimento, colhendo também as informações básicas para preencher o formulário preliminar (vide anexos), tais como: nome das partes envolvidas, se vêm acompanhadas de advogado, resumo do conflito e se concordam com o procedimento,[7] além de orientar quais os documentos necessários para trazer no dia da reunião.

Se a parte interessada na mediação for uma empresa, será necessário indicar o responsável, o sócio, o diretor ou quem vai representá-la no procedimento, trazendo todos os documentos necessários para fazer a comprovação.

Depois da acolhida, o mediador ou secretário do centro de mediação explicará como funciona o procedimento, as etapas, o tempo previsto para cada reunião, a possibilidade de haver mais de um encontro,[8] assim como as vantagens de chegar a um acordo. Tudo isso é importante para que haja uma conscientização das partes e dos advogados.

Além disso, chega o momento de definir os custos da câmara (taxa de registro e do procedimento) e os honorários do mediador. Os custos devem ser apresentados na primeira reunião para que a parte que provocou se conscientize, por se tratar de um procedimento particular. A taxa de registro é paga quando se dá entrada no procedimento. Os custos da administração e os honorários do mediador, geralmente, são divididos por ambas as partes. Ocorre que a parte convidada para participar da mediação

---

[7] VASCONCELOS, Carlos Eduardo de. *Mediação de conflitos e práticas restaurativas*. 2. ed. rev., atual. e ampl. Rio de Janeiro: Forense; São Paulo: Método, 2012. p. 130-131.

[8] GOMES, Noêmia Aurélia. *In*: GROSMAN, Cláudia Frankel; MANDELBAUM, Helena Gurfinkel (org.). *Teoria na prática*. São Paulo: Primavera, 2011.

pode não concordar com o pagamento; assim, quem iniciou com a mediação poderá pagar todas as despesas e em um possível acordo acertam como serão compensados os valores adiantados.

Depois de realizado o pagamento da taxa de registro, seguimos na fase seguinte, que está relacionada com o convite à outra parte para participar da reunião de mediação, por intermédio dos meios de comunicação disponíveis (telefone, correspondência, correio eletrônico ou qualquer outro meio de comunicação), para comparecer à câmara de mediação, conhecer o funcionamento e assinar o termo de acordo para dar início ao procedimento. A convocação da outra parte é um momento crucial para o desenvolvimento da mediação.

Quando se trata de mediação extrajudicial, a convocação é somente um convite e não obriga a outra parte a aceitar. Por isso, o convite tem de ser convincente, com a intenção de despertar o interesse da outra parte em participar. Se o convite for feito por telefone, a pessoa que ligar tem de ser bem preparada, ter conhecimento do funcionamento da câmara e estar convicta do procedimento da mediação. O convite poderá ser feito pelo secretário-geral, por um mediador ou por um funcionário da câmara, designado para essa atividade.

Secretário-Geral da Câmara (por telefone): Bom dia! Gostaria de falar com o Sr. Carlos.

Carlos: Sou eu.

Secretário: Aqui quem está falando é o Sr. Pedro, secretário-geral da câmara X. Eu liguei para o Sr. para convidá-lo a comparecer à nossa câmara para participar de um procedimento de mediação. Quem solicitou foi a Sr.ª Maria Fernández, e o tema a ser discutido é sobre a guarda do seu filho João.

Carlos: Não conheço essa câmara e não sei o que é mediação.

Secretário: Eu posso explicar para o senhor. A câmara é uma instituição que ajuda as pessoas a resolver seus conflitos sem necessitar de um processo judicial. Nós somos neutros e imparciais, e a nossa intenção é ajudar as pessoas a encontrar uma solução que atenda aos interesses ou necessidades de ambas as partes. O senhor aceita participar da mediação?

Carlos: Sim. Vamos tentar o diálogo.

A partir da aceitação da outra parte em participar da mediação, chega o momento de prosseguir com a próxima fase, que é a escolha do mediador, e marcar o dia e a hora para a primeira reunião.

É na fase da pré-mediação que se escolhe o mediador. Geralmente, as câmaras ou centros de mediação têm disponível um cadastro de mediadores, que é divulgado no site ou em uma relação da própria instituição, contendo a foto e um currículo resumido. Cada instituição tem suas próprias regras para a escolha do mediador. Segue a seguir algumas regras:

1. As partes autorizam que o presidente ou o secretário-geral da câmara escolha o mediador de acordo com a sua especialidade;

2. A câmara apresenta, para as partes ou a seus advogados, uma lista de mediadores cadastrados, e eles escolhem um;

3. Cada parte escolhe três mediadores da lista apresentada, e quem coincidir entre eles será o mediador;

4. A parte que apresentou o caso escolhe um entre uma lista de cinco mediadores, e a instituição convida a outra parte já com a sugestão do principal nome escolhido. E, se não estiver de acordo, pode escolher outro da lista enviada;

5. Uma das partes deixa que a escolha do mediador fique a critério da outra;

6. As partes aceitam que a escolha do mediador seja feita por meio de um sorteio.

Finalmente, depois da escolha do mediador por ambas as partes, será definido quem vai pagar os custos da administração do procedimento e dos honorários do mediador, e, após, é o momento de marcar o primeiro encontro entre as partes, o que não é tarefa fácil. Para isso, é importante verificar a agenda de cada parte, do mediador e a disponibilidade do espaço, sob a responsabilidade do secretário-geral da câmara.

2.4 A preparação do espaço e do ambiente

Para que se realize um procedimento de mediação, é importante ter um ambiente adequado com o objetivo de desenvolver melhor as atividades. O primeiro passo é a escolha do espaço, ou seja, onde vai ocorrer a mediação.

É preferível um lugar neutro, onde não haja influência de qualquer das partes. Se o procedimento se realiza na empresa de uma delas, na casa ou escritório do advogado de uma das partes, a outra parte pode acreditar que ocorreu uma aliança do mediador com o dono do lugar; porém, se as partes estão de acordo em relação ao local indicado, não se discute mais.

Quando a empresa faz a opção por fazer a mediação interna, é recomendado que seja reservada uma sala de atividades, apropriada para o procedimento. Pode ser qualquer sala de reunião, porém com as características adequadas, como uma boa iluminação, cadeiras confortáveis e as paredes com cores agradáveis.

2.4.1 As câmaras privadas

Quando se trata de centro, instituição ou câmara de mediação privada, é recomendado que haja pelo menos duas salas de reunião, além da recepção, podendo ser uma maior e outra menor. Ela tem várias funções: Uma delas é separar as partes desde a chegada para evitar o encontro direto sem a presença do mediador.

A parte que chegar primeiro ocupa inicialmente a sala menor, e a que chegar depois fica na recepção. Assim se evita que as partes olhem-se antes de iniciar o procedimento. Isso acontece porque, algumas vezes, o clima está pesado, e esse encontro poderá trazer prejuízos quando se busca como objetivo obter uma solução que beneficie as partes envolvidas no conflito.

Outra função da sala menor é fazer reuniões privadas. Cabe ao mediador verificar a necessidade de fazê-la com as partes. Para entender melhor os interesses de cada uma, ele convida para a sala menor um de cada vez. Também nessa sala podem ser feitas mediações menores, com, no máximo, cinco participantes, a depender do tamanho da mesa.

Já a sala maior ou principal é mais apropriada para fazer reuniões com um maior número de participantes, com espaço para mediador, comediador, partes, advogados, acompanhantes, observadores e estudantes-estagiários (se for permitido pelas partes).

Há casos que é necessário conduzir a mediação com as partes separadas, sendo todo o procedimento realizado somente com reuniões privadas. É que as partes querem resolver o conflito, mas uma não quer ficar de frente para a outra.

Às vezes, está em disputa um bem patrimonial que necessita de uma divisão, e inclusive é vendê-lo para dividi-lo entre os herdeiros, que estão magoados uns com os outros e preferem resolver dessa maneira, evitando o enfrentamento.

Nesse caso, o mediador faz a mediação em duas salas distintas. É aconselhado que haja uma conexão interna entre as salas para facilitar o trabalho do mediador na condução do procedimento, sem a necessidade de ele circular pela recepção para se dirigir à outra sala.

Ainda, na sala menor ou na recepção, é recomendado que haja televisão com DVD e livros infantis, para o caso em que os pais levem seus filhos e estes não tenham de participar das discussões que envolvem o conflito dos pais.

O espaço escolhido deve ser apropriado para iniciar o procedimento da mediação, começando pelas cores das paredes. Elas têm de ser suaves, transmitindo tranquilidade e paz, sem causar incômodo para os olhos dos participantes. Também o ambiente tem de ser limpo e conservado para que não cause indignação, tornando, assim, um ambiente agradável e tranquilo.

A iluminação tem de ser adequada. Assim a claridade não incomodará os participantes. Vale lembrar que a reunião pode começar durante o dia e se estender pela noite, tendo o cuidado para não variar a luminosidade[9]. Isso porque os participantes podem não se sentir tranquilos, e essa situação pode interferir na concentração de todos.

Na sala menor, é recomendado que a mobília seja de conformidade com as referências técnicas para se tornar um ambiente aconchegante. Há indicação que a mesa seja circular para demonstrar aproximação e equidistância entre os participantes e o mediador. Também é indicado que a sala de reunião tenha cadeiras confortáveis.[10]

Na sala maior, por ter de acomodar mais pessoas, é recomendado que a mesa seja retangular ou o modelo que se assemelha a ferro elétrico. Como existe a possibilidade de a mediação ser conduzida por um mediador juntamente a um comediador, é indicado que em uma das extremidades haja lugar para pelo menos duas cadeiras, ficando as cadeiras laterais para os demais participantes.

Sobre a mesa, é indicado que se coloque uma bandeja com jarra de água e café, bem como biscoitos, balas ou chocolates, para que as partes se sintam confortáveis e relaxadas para participarem do procedimento. Geralmente as

---

[9] A mudança da luminosidade pode despertar a necessidade das partes ou dos advogados em participar de outro compromisso e interromper ou precipitar o término da mediação, com ou sem acordo.
[10] Disponível em: http//www.rccim.com.br/a-secao-de-mediacao. Acesso em: 4 fev. 2017.

pessoas quando vão a uma audiência, seja judicial ou extrajudicial, chegam nervosas e aborrecidas com a outra parte; porém, quando encontram um ambiente tranquilo e confortável, a tendência é que se sintam acolhidas. Ainda, recomenda-se que se coloquem sobre as mesas papéis e canetas para, se necessitarem, fazer anotações pessoais, cada um fazendo seus registros e percepções mais importantes para que possam discutir posteriormente.

Quanto aos quadros, é recomendado que se coloquem pinturas em abstrato para que as imagens não intervenham nas decisões das pessoas, porque é possível que algum participante se identifique com o que está pintado, que pode ser uma imagem de sofrimento, comemoração ou qualquer coisa que possa influenciar e interromper o procedimento. Também não é indicado que se coloquem símbolos religiosos nas paredes, pois algum participante pode se identificar ou se revoltar com o que isso representa e a mediação não evoluir.

Finalmente, é importante ter na sala da mediação ou ao alcance do mediador outros equipamentos auxiliares como: computador, para fazer os ofícios e acordos; projetor, para apresentar provas e vídeos e também projetar os termos que estão sendo colocados no acordo, para que todos possam acompanhar; impressora com copiadora, para imprimir e tirar cópia dos documentos necessários.

2.4.2 O ambiente da mediação nos Tribunais de Justiça

Quando a mediação é judicial e é realizada nas instalações dos tribunais, é importante que seja feita a adequação do ambiente às características citadas anteriormente. As salas tradicionais dos tribunais identificam-se com a ideia de litígios e formalismo[11] em busca de uma decisão do juiz. Também é importante que as partes se sintam acolhidas e tranquilas para facilitar a participação na reunião e, com isso, ajudar a encontrar uma solução para a controvérsia.

No Brasil, estão sendo criados centros de mediação e conciliação nos principais tribunais estaduais, para facilitar na resolução dos conflitos. Os juízes, antes de julgar, encaminham os processos para o centro de mediação e conciliação em busca de uma solução pacífica. O setor de mediação

---

[11] LORENCINI, Marco Antônio Garcia Lopes. *In*: SALLES, Carlos Alberto de; LORENCINI, Marco Antônio Garcia Lopes; SILVA, Paulo Eduardo Alves da (coord.). *Negociação, Mediação e Arbitragem*: Curso Básico para programas de graduação de direito. Rio de Janeiro: Forense; São Paulo: Método, 2012. p. 76.

e conciliação é diferenciado dos demais, tanto na estrutura física como no comportamento dos servidores, para que as pessoas que estão em conflito se sintam acolhidas no ambiente.[12]

2.5 Ferramentas da mediação

A mediação é uma técnica ou método que ajuda na resolução dos conflitos de maneira que estimula o diálogo entre as partes envolvidas para que elas encontrem uma melhor solução que atenda aos interesses e às necessidades de ambas. A tarefa não é fácil. Quando o diálogo entre as partes é interrompido, a parte que se sente prejudicada procura um terceiro para resolver o conflito. Esse terceiro pode ser um juiz, por intermédio do Poder Judiciário, como também uma câmara ou instituição para tentar resolver o litígio por meio de algum dos métodos extrajudiciais de resolução de conflitos, a exemplo da conciliação, da mediação ou da arbitragem, para que o terceiro interfira decidindo ou ajudando a encontrar uma saída para a disputa.

O mediador não só deve ter conhecimento das técnicas e das ferramentas utilizadas na mediação, como também saber o momento em que vai aplicá-las. Como bem destaca Tania Almeida, em seu livro *Caixa de ferramentas na mediação*, uma mediação bem-sucedida está relacionada com a habilidade do mediador na aplicação das ferramentas e técnicas, que faz com que as partes envolvidas no conflito encontrem e construam a melhor solução.[13]

Diversas são as ferramentas, porém algumas são frequentemente utilizadas para desenvolver melhor o procedimento de mediação. São elas: escuta ativa, perguntas abertas, fechadas, circulares e reflexivas, agenda, resumo, reuniões conjuntas e privadas, parafraseamento, reposicionamento do conflito, chuva de ideias (*brainstorming*), espelho[14], constelação sistêmica, entre outras.

---

[12] Disponível em: http//www.rccim.com.br/a-sessao-de-mediacao. Acesso em: 2 fev. 2017.
[13] ALMEIDA, Tania. *Caixa de Ferramentas em Mediação* – Aportes práticos e teóricos. São Paulo: Dash, 2013. p. 51.
[14] CARAM, María Elena; EILBAUM, Diana Teresa; RISOLÍA, Matilde. Mediación: diseño de una práctica. 2. ed. Buenos Aires: Librería Histórica, 2010. p. 167.

2.5.1 Escuta ativa

Escuta ativa ou escuta dinâmica é uma das ferramentas mais importantes da mediação. Como diz Juan Pablo Lederach e Chupp Marcos, citados por Maria Elena Caram:

> Escuchar es la actividad que realizaremos a lo largo del proceso y que consiste en atender tanto a lo que se dice como a lo que no se dice (miradas, movimientos, silencios) a lo que habla y a lo que provoca en los demás, a las miradas que se cruzan, que se desvían, a las sonrisas, al cuerpo que se reacomoda, a la silla que se aleja, a la sensación de incomodidad que se percibe, o sea, a todo que acontece en la mediación.[15]

Quando duas pessoas chegam a um conflito e procuram um terceiro para encontrar a solução, na maioria das vezes, é porque não há mais diálogo. Já se esgotaram todas as possibilidades de negociação por qualquer das partes. Às vezes uma parte tem a intenção de solucioná-la, porém a outra fica intransigente e fixa uma posição. Para ela, somente há uma saída, que é a decisão de um juiz por intermédio do Poder Judiciário estatal, sem querer abrir mão dos seus "direitos" e sequer querendo saber o que a outra parte tem para dizer.

Na reunião de mediação, todos os participantes têm de estar dispostos a ouvir o que o outro está falando, porém isso não é fácil devido a que cada um tem a sua razão e não quer entender o que argumenta o outro.

Segundo Flavia Tarduce: "A escuta permite à pessoa perceber que ela é objeto de atenção, onde se apresenta ao interlocutor interessado os seus pensamentos e suas opiniões" [...][16], e pode ser utilizada em toda a mediação, principalmente no discurso inicial e nos relatos das partes e dos seus advogados. Nessa primeira fase, o mediador fala sobre as regras de comportamento e de procedimentos para nortear a mediação. Para isso, é preciso que todos prestem bastante atenção ao seu discurso inicial. O mediador, ao finalizar

---

[15] CARAM, María Elena; EILBAUM, Diana Teresa; RISOLÍA, Matilde. *Mediación*: diseño de una práctica. 2. ed. Buenos Aires: Librería Histórica, 2010, p. 167, cuando cita Lederach, Juan Pablo y Chupp Marcos. "Conflicto y violencia? Busquemos alternativas creativas. Guía para facilitadores", Clara, Semilla, Guatemala, 1995, p. 117. "Escutar é a atividade que realizaremos durante todo o processo e que consiste em atender tanto ao que se diz como ao que não se diz (olhares, movimentos, silêncios) ao que fala e o que provoca nas demais pessoas, aos olhares que se cruzam, que se desviam, aos sorrisos, ao corpo que se reacomoda, às cadeiras que se distanciam, à sensação de desconforto que se percebe, ou seja a tudo que acontece na mediação". (Tradução nossa).

[16] TARTUCE, Fernanda. *Mediação nos conflitos civis*. 2. ed. rev. atual. e ampl. Rio de Janeiro: Forense; São Paulo: Método: 2015. p. 233.

o discurso inicial, perguntará às partes se entenderam e se pode continuar com a mediação. O mediador que estar atento para saber se as partes e os advogados estão prestando atenção ao que ele está dizendo.

Na segunda fase do procedimento de mediação, que é a identificação do conflito, o mediador escuta o relato das partes. Primeiro uma parte e seu advogado, e depois a outra. É a fase da compreensão do conflito, em que cada parte vai falar o que aconteceu, com suas razões e argumentações, e o mediador identifica o ponto de divergência entre os dois.

A parte que narra quer ser escutada, por isso é necessário que todos prestem atenção ao relato apresentado. Quando a pessoa encontra por meio da mediação a oportunidade de falar e sabe que os demais estão prestando atenção, ela se sente mais segura, pois ser escutada era simplesmente o que ela queria.

Para o mediador, um dos propósitos da escuta ativa é entender o que a pessoa está dizendo, sem lhe dar razão, delimitando o foco do seu trabalho, ou seja, escutar as argumentações do relator e prestar atenção às reações dos participantes.

Quando escutamos, é necessário desapegar dos nossos conceitos e preconceitos para que possamos entender melhor o que o narrador quer dizer e como a parte se comporta ao narrar. As pessoas não se comunicam somente com as palavras, senão com todo o corpo. O mediador tem que prestar atenção aos movimentos corporais dos participantes. Para isso, deverá posicionar-se de uma maneira confortável, que dê para olhar para todos e que demonstre que está interessado ao que o relator está falando. O corpo fala. Tanto a parte que está relatando como os demais participantes podem estar comunicando-se com o corpo. É recomendado que o mediador esteja atento a todos os movimentos e, se perceber que algum participante não está interessado ou não está de acordo com o relato apresentado, pode parafrasear para os demais participantes o que o narrador está dizendo. De modo que, quando todos prestam atenção ao relato, quem está falando sentir-se-á valorizado porque está sendo escutado.

2.5.2 Acolhimento e legitimação

A tarefa de promover o acolhimento e a legitimação das partes e advogados começa desde a recepção na instituição, quando as partes chegam ao local, seja para ingressar com o procedimento ou para a primeira reunião. É importante que os funcionários da instituição recebam-nos com educação, cortesia e cordialidade, dando-lhes boas-vindas, para criar, desde o início, não só empatia e confiança, como também fazer com que se sintam seguras, confortáveis e tranquilas.

A apresentação na recepção deverá ser feita com todos, para que se sintam acolhidos e legitimados. Da mesma forma, o mediador deverá proceder quando for conduzir as partes à sala de reunião. É recomendável cumprimentar e agradecer a presença de todos, inclusive apresentar o comediador (se houver) e os assistentes (auxiliares, observadores e estagiários). Com relação aos estudantes, o mediador deverá solicitar às partes a permissão para que eles possam participar.

Segundo Tania Almeida: "Os mediadores deverão receber as pessoas com cortesia, de preferência pelos nomes, em um ambiente confortável que nitidamente transmita privacidade e acolhimento."[17].

Portanto, o acolhimento das partes e o reconhecimento e a legitimação dos participantes é importante para que a mediação transcorra com o apoio de todos.

2.5.3 Parafraseamento

É uma ferramenta comunicacional que vai ajudar o mediador a entender melhor o conflito, como também auxiliá-lo para repassar aos demais o relato do orador. O parafraseamento, geralmente, é utilizado nos primeiros relatos, quando as partes estão apresentando as suas posições sobre a controvérsia.

Como relata Caram: "Es la acción que consiste en transponer en segunda persona lo que alguien acaba de expresar, luego de haberlo organizado, sintetizando se fuera muy extenso y neutralizando si en su contenido hubiera expresiones 'emotivamente fuertes'."[18].

Quando estamos diante de um conflito, às vezes não há uma convivência harmoniosa entre os envolvidos. Mais ainda, já podem ter ocorrido agressões, física ou verbal. Esse comportamento já pode ser percebido

---

[17] ALMEIDA, 2013, p. 68.
[18] "É a ação que consiste em transpor na segunda pessoa o que alguém acaba de expressar, depois de ter organizado se for necessário, sintetizando se for muito extenso e neutralizando se em seu conteúdo houver expressões 'emotivamente fortes'". (CARAM, María Elena; EILBAUM, Diana Teresa; RISOLÍA, Matilde. *Mediación*: diseño de una práctica. 2. ed. Buenos Aires: Librería Histórica, 2010. p. 170, tradução nossa).

desde a chegada à recepção, bem como quando chegam e sentam à mesa de reunião ou durante os relatos no procedimento da mediação. Uma parte olha para a outra com agressividade, como também podem ocorrer ataques verbais ou palavras que não sejam dignas para o ambiente. É a função do mediador acalmar os ânimos das partes. Se já começou o relato e em seu conteúdo há palavras ofensivas, o mediador pode parafrasear o relato para neutralizar e amenizar a agressão.

O parafraseamento é uma ferramenta que também poderá ser usada em relatos longos. Nesse caso, para entender melhor o que a parte narrou, o mediador sintetiza e transmite resumidamente ao narrador, e este confirma com a parte para comprovar se está tudo certo e entendido. Finalmente, o mediador pode fazer as anotações necessárias, e depois a parte segue com o seu depoimento até a conclusão.

Mediador: Deixe ver se eu entendi o que o senhor acabou de dizer. O Sr. disse que [...]. Foi isso que o senhor quis dizer?

O parafraseamento também poderá ser utilizado quando o mediador percebe que a outra parte ou qualquer outra pessoa envolvida no conflito não está entendendo o que o relator está dizendo, seja porque está distraída ou, simplesmente, porque não quer ouvir. É normal que as partes cheguem à reunião de mediação cada uma com suas próprias razões, porém, quando uma delas pensa que é dona da razão, isso faz com que o ouvinte não queira saber o que o outro está narrando. Como diz um velho ditado, "entra por um ouvido e sai pelo outro". Assim, o mediador, com suas palavras, diz o que a outra parte relatou. É mais fácil para a parte prestar atenção e entender o relato quando é dito por um terceiro.

Mediador: O senhor está entendendo o que ele está dizendo? Vou transmitir para o senhor: ele está dizendo que [...]. O senhor entendeu?

Com a narração dita pelo mediador, a parte presta atenção e ouve o que o outro relatou.

2.5.4 Como perguntar?

Para melhor desenvolver a mediação e encontrar uma solução para o conflito, o mediador não só deverá utilizar as ferramentas disponíveis como também saber utilizá-las no momento oportuno. Ele precisa ter tanto o conhecimento das ferramentas como saber aplicá-las, com a finalidade de obter a melhor resposta. Durante todo o procedimento, poderá utilizar perguntas para estimular o diálogo entre as partes e que sirvam para identificar os verdadeiros interesses, desejos e necessidades. Essas perguntas podem ser: fechadas, abertas, reflexivas e circulares.

Perguntas fechadas

Em primeiro lugar, utiliza-se com muita frequência para confirmar dados, informações e relatos. Geralmente a resposta é "sim" ou "não". Em segundo lugar, podem ser empregadas no início do procedimento. Por exemplo:

Mediador: Os senhores entenderam o discurso inicial? Os senhores têm alguma dúvida? Querem continuar com a mediação?

Além disso, é recomendado o uso dessas perguntas em outras etapas da mediação, fazendo o mediador as seguintes perguntas:

Mediador: O Sr. estava presente naquele lugar? Está entendendo o que ele falou? Foi assim que ocorreu? Está de acordo com o que ele falou? O senhor confirma o pagamento? Aceita a proposta da outra parte?

Entre outras perguntas.

Para María Elena Caram: "Las preguntas cerradas son útiles para confirmar los datos, o alguna información ya obtenida."[19].

Portanto, as perguntas fechadas servem para confirmar os dados e informações para que o mediador possa dar sequência ao procedimento.

Perguntas abertas

As perguntas abertas servem para explorar os relatos das partes. É indicada a sua utilização na segunda etapa da mediação como pergunta de acesso, ou seja, para estimular o início do relato das partes, podendo também serem utilizadas nas demais etapas.

Mediador: O que o senhor espera da mediação? Qual a sua intenção com a mediação?

Ou simplesmente:

---

[19] "As perguntas fechadas são úteis para confirmar dados ou alguma informação já obtida." (CARAM; EILBAUM; RISOLÍA, 2010, p. 270, tradução nossa).

Mediador: O que ocorreu?

Na resposta de uma dessas perguntas, a parte relatora aponta dados, informações e inclusive pode sinalizar uma saída para o conflito. É preciso que o mediador esteja atento para o comportamento de todos quando alguém está relatando, pois é no relato que as partes podem demonstrar suas emoções e sentimentos, tanto a parte que está falando como a que está escutando. Como a pergunta é aberta, o mediador deverá estar atento à resposta para que o relator não desvie o foco, já que isso é comum, visto que não ajuda a solucionar o conflito. Se isso ocorrer, cabe ao mediador interromper o relato e solicitar que retorne à discussão principal, já que é nessa etapa que cada um tem a oportunidade de apresentar a sua versão do conflito.

Para María Elena Caram: "[...] en líneas generales podríamos decir que las preguntas abiertas son las que alientan el relato más extenso de las partes brindando, por lo tanto, más información, mientras que las cerradas pretenden una respuesta por sí o por no"[20].

A pergunta aberta também pode ser utilizada nas reuniões privadas. Nesse caso, o mediador pode explorar os relatos individuais sem a outra parte presente, e o relator pode confidenciar ao mediador o que antes não havia tido coragem de dizer diante do outro.

Perguntas reflexivas

As perguntas reflexivas são utilizadas para estimular a parte para refletir sobre o conflito e quais são suas pretensões, que até então podem estar obscuras, dentro de outro olhar, para ajudar a entender ou apresentar uma possível solução.

A intenção dessas perguntas é provocar uma reflexão e analisar a reação das pessoas. Às vezes elas são surpreendidas e têm diversas reações. Como afirma María Elena Caram: "La finalidad de esas preguntas es provocar una reacción distinta, una ligera conmoción que produzca un cambio en la percepción de las cosas"[21].

---

[20] "[...] em linhas gerais poderíamos dizer que as perguntas abertas são as que encorajam o relato mais extenso das partes brindando, portanto, mais informações, enquanto que as fechadas pretendem uma resposta por sim ou por não." (CARAM; EILBAUM; RISOLÍA, 2010, p. 270, tradução nossa).

[21] "A finalidade dessas perguntas é provocar uma reação distinta, uma ligeira comoção que produza uma mudança na percepção das coisas." (CARAM; EILBAUM; RISOLÍA, 2010, p. 277, tradução nossa).

Com a pergunta reflexiva, a pessoa que está com o pensamento firme e cristalizado pode pensar melhor ao responder e até mudar de posição e opinião inicial, o que facilita o entendimento de todos para encontrar uma solução. Como exemplo de perguntas reflexivas, temos:

Mediador: O senhor poderia propor algo diferente disso? Acredita que pode fazer diferente? O que prende o senhor a fazer o que realmente quer? O que o senhor quer mesmo com isso?

Pode ocorrer em alguns casos de a parte fazer a seguinte afirmação: "Somente quero que seja feito justiça".

Mediador: Para o senhor, o que significa fazer justiça?

Perguntas circulares

Figura 1: Como se colocar no lugar do outro
Fonte: www.naoentreaki.com.br

As perguntas circulares são aquelas que dão a oportunidade de colocar a pessoa no lugar da outra. A parte chega à reunião com um pensamento único, somente ela tem razão e não quer saber como o outro pensa ou sente. Uma maneira de provocar é trocar as posições no conflito. Se é empregado, passa ser o patrão. Se quer uma indenização, passa a ser a pessoa ou empresa que vai pagar.

Mediador: A senhora quer uma indenização da empresa de U$ 50.000. Se a empresa fosse da senhora, acredita que essa é uma indenização justa e pagaria ao reclamante?

2.5.5 Reuniões (conjuntas e privadas)

Durante todo o procedimento da mediação, as reuniões são utilizadas pelo mediador, sejam elas conjuntas ou privadas; desde a pré-mediação, com a parte interessada em começar o procedimento. Depois das tratativas formais, a parte é encaminhada para o secretário-geral da câmara ou um dos mediadores que fará uma entrevista inicial para identificar o conflito (partes, tipo do conflito, se vai acompanhada de advogado etc.). Essa primeira reunião geralmente é individual.

A reunião privada pode ser feita no início, durante o procedimento, quando o mediador ou as partes acharem necessário ou quando for impossível reuni-las em razão do clima acirrado. Nesse caso, a mediação é toda conduzida por meio de reuniões privadas. As partes querem resolver o problema, porém não querem o embate pessoal.

O mediador pode identificar o clima tenso desde o princípio, na primeira entrevista individual ou no dia da audiência. Quando isso ocorre, o mediador já encaminha as partes para salas diferentes e as atende em cada sala; depois, o dito mediador deixa transcorrer todo o procedimento, pois, dessa maneira, não necessita haver comunicação direta entre elas, e sim um diálogo indireto, que pode ser o suficiente para encontrar uma solução e possivelmente chegar a um acordo.

Também, na etapa de explorar os interesses, o mediador ou qualquer das partes pode solicitar uma reunião individual. De maneira que quando uma pessoa envolvida no conflito está em frente à outra, não quer aprofundar no mesmo, é na reunião privada um bom momento para expor seus verdadeiros objetivos da disputa. Quando sente empatia e confiança pelo mediador, pode relatar o que não queria ou tampouco teria coragem de falar na presença do outro.

Segundo Carlos Eduardo Vasconcelos, as reuniões privadas "[...] permitem uma interação mais reservada com cada uma das partes, de modo privado e equitativo, com o olhar em esclarecer o problema, a identificação dos objetivos, necessidades e desejos [...]"[22].

É na reunião privada que podem surgir interesses velados, diferentes dos apresentados na etapa anterior, ou seja, cada parte apresenta as suas sugestões ou opções para solucionar o conflito, e inclusive pode surgir alguma proposta. É que existe o receio de falar na frente do outro e de demonstrar as suas fraquezas.

Outra finalidade da reunião privada é quando não há evolução no procedimento de mediação. O diálogo trava e as partes não saem das suas posições. É uma oportunidade para o mediador ter um tempo para pensar e encontrar uma saída.

Para que o mediador convoque a reunião privada, é recomendado que tenha sido esclarecida na primeira etapa da mediação, no discurso inicial, pois é nesta etapa que o mediador declara a possibilidade de fazer esse tipo de reunião com as partes, seja por sua própria iniciativa ou por iniciativa dos participantes, como bem explica Lilia Maia de Morais Sales:

> Deve-se deixar claro que tanto as pessoas envolvidas no conflito devem saber sobre a possibilidade de uma conversa particular como devem concordar com esse mecanismo. Todo e qualquer ato no processo de mediação deve se voltar para os interesses das pessoas, por isso elas devem participar ativamente de todas as decisões no transcorrer do processo de mediação.[23]

Geralmente, é na reunião conjunta onde se realiza todo o procedimento. Porém, antes pode-se fazer uma pré-mediação e escolher o mediador na primeira reunião. Depois que as partes confirmam a presença para o dia e a hora marcada, é chegada a hora de dar início à sessão de mediação em uma reunião conjunta e sempre com a presença do mediador.

É na primeira reunião conjunta que o mediador faz o discurso inicial, apresentando as regras de comportamento e de procedimento, inclusive fala da possibilidade de ter reuniões privadas, passando para a fase seguinte, que é o relato das partes e a identificação das posições. A reunião conjunta é importante também para o mediador perceber as reações corporais dos participantes diante da narração da parte contrária, perceber o tom de voz e

---

[22] VASCONCELOS, Carlos Eduardo de. *Mediação de conflitos e práticas restaurativas*. 2. ed. rev. atual. e ampl. Rio de Janeiro; Forense; São Paulo: Método, 2012. p. 139.
[23] SALES, Lilia Maia de Morais. Ouvidoria e Mediação: instrumentos de acesso à cidadania. *Revista Pensar*, v. 11, Fortaleza, p. 164, 2006.

as palavras que são colocadas na narração. Ainda é na reunião conjunta que podem ser identificados os interesses ou necessidades, buscar e construir prováveis soluções para o conflito, como também chegar a um acordo, se for possível.

2.5.6 Reposicionamento do conflito

Depois de ouvir as partes e identificar os interesses e necessidades de todos, chega o momento de reposicionar o conflito.

Quando as partes chegam à mediação, apresentam as suas posições e as prováveis soluções, quase sempre únicas, a partir de seu ponto de vista. Cada um com suas intenções pessoais. Depois que o mediador, juntamente às partes envolvidas, identifica os interesses e necessidades de ambos, propõe que encontrem uma solução que seja boa para todos.

Nessa etapa, o interesse envolvido não é mais individual, e sim de todos. O mediador pode formular uma pergunta para identificar uma solução que os atenda.

Mediador: Como podemos encontrar uma solução que atenda aos interesses ou necessidades de "A" e que também atenda aos interesses ou às necessidades de "B"?

Para encontrar a resposta para essa pergunta, é possível utilizar a técnica da "chuva de ideias", que consiste em gerar ideias produzidas pelas partes envolvidas no conflito, e, entre elas, pode estar a solução que atenda aos interesses ou necessidades de todos.

2.5.7 Chuva de ideias (*brainstorming*)

Passada a etapa de identificar os interesses ou necessidades, e depois do reposicionamento do conflito, o mediador prossegue com a mediação e sugere às partes que utilizem a técnica da "chuva de ideias", também conhecida como *brainstorming*, que é uma técnica que estimula a criatividade das partes e consiste em cada parte envolvida e com pensamentos positivos, produzir ideias que possam solucionar o conflito. O importante é que as partes escrevam as ideias sem fazer juízo de valor. Quando as ideias se esgotarem, chega o momento de encontrar as melhores e possíveis opções que possa possibilitar a solução do conflito.

Para encontrar algumas opções e solucionar o conflito a partir das ideias apresentadas, são aplicados os critérios objetivos e subjetivos, que consistem em verificar a possibilidade da ideia se realizar. Ainda que a ideia seja boa, nem sempre é possível colocar-se em prática, por não haver uma lei que a autorize, se o custo de realizar a ideia não for possível, em razão da solução vir de um lugar distante ou se depender de outras pessoas.

Para María Elena Caram, a técnica de chuva de ideias "[...] es una de las modalidades de trabajo más frecuentemente usadas cuando se busca favorecer la creatividad y reunir ideas, privilegiando más la cantidad que su calidad"[24].

2.5.8 Resumo

A ferramenta do resumo pode ser utilizada em diversos momentos do procedimento da mediação. A princípio, nos primeiros relatos, que, algumas vezes, se prolongam, o mediador, parafraseando, faz o resumo para organizar o relato e a sequência do raciocínio do relator. Outro momento de aplicar a técnica do resumo é quando o mediador encerra a fase de relatos e apresenta o resumo do conflito para identificar os temas, confirmando com as partes e organizando o que vai ser discutido.

Também o resumo é utilizado quando a mediação não se encerra em uma só reunião, sendo necessário marcar outro dia para dar continuidade ao procedimento. Ao final da reunião, o mediador faz um resumo dos pontos discutidos, não só dos avanços obtidos como também dos assuntos que ainda vão ser discutidos na próxima reunião, apontando quais são as providências que as partes devem tomar ou trazer para a próxima reunião. Pode ser: fazer um pagamento, trazer um documento, concluir alguma atividade etc. Na reunião seguinte, o mediador apresenta o resumo da reunião anterior antes de seguir com a mediação.

No entender de María Elena Caram: "Esto implica que el mediador relata en forma abreviada qué se ha dicho o qué ha sucedido en esa interacción [...]."[25]

---

[24] "[...] é uma das modalidades de trabalho frequentemente usadas quando se busca favorecer a criativiade e reunir ideias, privilegiando mais a quantidade que sua qualidade." (CARAM; EILBAUM; RISOLÍA, 2010, p. 358, tradução nossa).

[25] "Isto implica que o mediador relata de forma abreviada o que foi dito e o que ocorreu nessa mediação [...]" (CARAM; EILBAUM; RISOLÍA, 2010, p. 174, tradução nossa).

É importante, sempre que o mediador fizer o resumo, ler para todos, para que ninguém tenha dúvida, e que as partes envolvidas estejam de acordo e possam dar continuidade ao procedimento.

2.5.9 Espelho

Essa técnica consiste em capturar as mesmas palavras e frases que foram narradas. Às vezes, no seu relato, a parte fala coisas que não queria. Não há outra maneira porque já foram ditas. O mediador recorda ao narrador que ele já havia dito anteriormente e repete com as mesmas palavras.

A técnica do espelho é similar à de parafrasear, e a diferença é que, segundo María Elena Caram: "Si la persona dijo una palabra o una frase brever, es posible recurrir al espejo, utilizando sus mismas palabras: si dijo una secuencia más larga, se repiten las palabras clave, pero siempre las del emisor, [...]" A autora ainda completa como exemplo: "[...] puede ser la repetición de palabras o frases generadas en el torbellino de ideas, o al reproducir las opciones [...]"[26].

2.5.10 Agenda

É uma ferramenta utilizada para organizar o procedimento da mediação. Geralmente a agenda é construída a partir dos relatos iniciais, porém pode ser alterada de acordo com o desenvolvimento do procedimento. Depois que as partes narram os fatos, o mediador faz um resumo e, em conjunto com as partes, tenta identificar o que está em conflito. Qual é a disputa que levou as partes à mediação? Essa identificação inicial é chamada de *posição*. É como as partes apresentam as argumentações iniciais, que, muitas vezes, não correspondem aos verdadeiros interesses ou necessidades.

Depois de identificados todos os pontos que estão em conflito, o mediador faz o resumo e, em seguida, a agenda, que é a ordenação dos temas que vão ser discutidos. É indicado que primeiro se discuta o tema mais fácil de resolver e depois os demais. Sempre do mais simples para o mais complicado.

---

[26] "Se a pessoa disse uma palavra ou uma frase curta, é possível recorrer ao espelho, utilizando suas mesmas palavras: se disse uma sequência mais longa, se repete as palavras chave, porém sempre a do emissor, [...]" A autora ainda completa como exemplo: "[...] pode ser a repetição de palavras ou frases geradas na técnica de chuva de ideias (*braintorming*), ou ao reproduzir as opções [...]" (CARAM; EILBAUM; RISOLÍA, 2010, p. 174, tradução nossa).

No entendimento de María Elena Caram, "[...] la agenda es una herramienta ordenadora para el mediador, en la medida en que le permite organizar el material caótico del conflicto y deslindar las áreas sobre las que tratará esta mediación"[27].

A partir do momento em que as partes chegam a um acordo em relação ao primeiro tema, abre espaço para avançar com os demais. Se começar pelo tema mais complicado e não chegar a um acordo, poderá impossibilitar a discussão e continuidade dos demais temas e, consequentemente, do procedimento.

Pode ocorrer ainda que o mediador consiga avançar tranquilamente em alguns temas e não consiga nos temas seguintes. Não tem problema. O importante é que, por meio do diálogo, as partes conseguiram chegar a um acordo parcial e percebem que nos outros temas também é possível avançar. É somente uma questão de amadurecimento. O mediador pode suspender a reunião já com o acordo parcial assinado e marcar uma nova reunião para que as partes reflitam e retornem ao procedimento para discutir os demais assuntos e, dessa maneira, chegar também a uma solução.

A agenda deverá ser flexível e dinâmica. O mediador organiza os temas que vão ser discutidos, de acordo com o grau de complexidade, podendo incluir novos temas e excluir os que não tenham mais importância ou que já foram discutidos, ainda podendo modificar a ordem de importância. A agenda é feita pelo mediador, de acordo com a sua sensibilidade, com a intenção de facilitar a mediação, sempre com a concordância das partes.

2.5.11 Constelação sistêmica

A constelação sistêmica é uma nova ferramenta que está sendo implantada e utilizada pela justiça brasileira para ajudar a solucionar os conflitos antes ou durante o processo judicial. O juiz ou o mediador, verificando o impasse para se chegar a uma solução, pode sugerir a uma ou todas as partes envolvidas a participação em uma reunião de constelação sistêmica, que também poderá ser chamada de vivência, atividade ou exercício, para que os participantes vejam o litígio com outro olhar.

---

[27] " [...] a agenda é uma ferramenta ordenadora para o mediador, na medida em que lhe permite organizar o material do conflito que vai ser discutido e descrever as áreas sobre as que tratará esta mediação." (CARAM; EILBAUM; RISOLÍA, 2010, p. 179, tradução nossa).

Quem desenvolveu essa ferramenta foi o terapeuta alemão Bert Helling, que teve as suas primeiras experiências na África, onde verificou a conexão existente entre as pessoas dentro de um grupo, seja na família ou na comunidade, sendo verificadas essas conexões em uma tribo que ele visitou. Essa técnica ficou conhecida como constelações familiares. Hoje seu trabalho está disseminado por diversos países no mundo e tem ajudado muitas pessoas a entender melhor a vida.

A constelação familiar, de acordo com Bert Hellinger, " [...] trata-se de averiguar se no sistema familiar ampliado existe alguém que esteja emaranhado nos destinos de membros anteriores dessa família"[28].

No Brasil, um juiz do estado da Bahia, Sami Storch, começou a introduzir a técnica nos processos judiciais que tramitavam sob sua coordenação. Ele escolheu alguns processos na área de família e convidou as partes envolvidas para participar de uma reunião de vivência familiar (nome dado por ele para essa reunião). Apesar de utilizar inicialmente em conflitos familiares, essa técnica passou a ser aplicada a outros tipos de conflitos, por exemplo, nos conflitos na área criminal.

Nos anos de 2012 e 2013, a técnica foi levada aos cidadãos envolvidos em ações judiciais na Vara de Família do município de Castro Alves, a 191 km de Salvador. A maior parte dos conflitos dizia respeito a divórcio, alimentos e guarda de filhos. Foram seis reuniões, com três casos "constelados" por dia. Das 90 audiências dos processos nos quais pelo menos uma das partes participou da vivência de constelações, o índice de conciliações foi de 91%; nos demais, foi de 73%. Nos processos em que ambas as partes participaram da vivência de constelações, o índice de acordos foi de 100%.[29]

A técnica constelações familiares foi utilizada nas relações envolvendo família; porém, como foi verificado que a técnica poderia ser utilizada em outras áreas, a ferramenta passou a se chamar *constelação sistêmica*. Com isso, o juiz Sami Storch criou o termo *Direito Sistêmico*, abrindo uma nova dinâmica para a aplicação do Direito.

Diante disso, o que é constelação sistêmica? É uma técnica que pode ser aplicada quando uma pessoa está em conflito com outra ou com ela mesma, ajudando-a a ter um novo olhar para o que ela está passando e o porquê do seu comportamento. A constelação sistêmica pode ser conjunta,

---

[28] HELLINGER, Bert. *Constelações familiares*: o reconhecimento das ordens do amor. São Paulo: Cultrix, 2007a. p. 11.
[29] Disponível em: http://www.verbojuridico.com.br/blog/juiz-tecnica-alema/. Acesso em: 8 mar. 2017.

realizada por meio de uma reunião com um grupo de pessoas que podem representar os membros da família, ou pode ser individual, nesse caso sendo utilizados bonecos para representá-los.

A constelação é um fenômeno que ocorre por meio da transferência de energia entre o constelado e os representantes, que "[...] trabalha principalmente as emoções e energias inconscientes que influenciam nossas decisões"[30].

Às vezes atuamos inconscientemente e repetimos comportamentos de nossos antepassados, de geração em geração. Por exemplo, quem nunca escutou a frase: "a história se repete;" ela se repete porque vivemos emaranhados com os nossos antepassados e em algumas vezes temos a vontade de seguir esses comportamentos e costumes.

Nós vivemos em um sistema aberto no qual, em razão dos emaranhamentos, estamos vinculados à nossa família, atual e passada, assim como também sujeitos à inclusão e à exclusão de pessoas que participam da nossa vida. Para compreender e colocar o sistema em ordem, Bert Hellinger pesquisou e escreveu as leis existentes na natureza, denominando-as de Ordens do Amor, que são: a) o pertencimento; b) a hierarquia; e c) o equilíbrio.[31]

Tais ordens podem ser aplicadas por qualquer pessoa ou família para que tenha como objetivo levar uma vida saudável, harmoniosa e, sobretudo, sem conflitos.

Quando as partes estão em conflito e não conseguem resolvê-lo por elas mesmas, geralmente procuram um terceiro, seja um conciliador, mediador, árbitro ou juiz. Por um lado, em muitas ocasiões, as pessoas se apresentam nervosas e aborrecidas e não conseguem encontrar uma solução; por outro lado, às vezes, por mais que tentem chegar a um acordo, não o conseguem, devido ao sistema estar fora de ordem. Mesmo que seja resolvido por um juiz estatal, que pode até resolver o conflito aparente, no inconsciente, não consegue resolvê-lo. Na realidade, a lei dos homens não é suficiente.[32] Ela decide, porém não resolve, pois existe uma ordem superior chamada *a lei da consciência*.

A constelação trata do conflito por meio de uma visão sistêmica em que todos que fazem parte do sistema necessitam ser reconhecidos e

---

[30] Disponível em: https://constelacaosistemica.wordpress.com/. Acesso em: 4 fev. 2017.
[31] HELLINGER, Bert. *Ordens do amor*: um guia para trabalho com constelações familiares. São Paulo: Cultrix, 2007b. p. 36-37 e 39.
[32] HELLINGER, 2007b, p. 36.

respeitados para que, dessa maneira, o sistema permaneça em equilíbrio. A técnica poderá ser utilizada na pré-mediação com uma das partes ou com todos os envolvidos, durante o procedimento da mediação ou no decorrer de um processo judicial. Quando as partes estão em um impasse para resolver o conflito e a mediação ou conciliação não se desenvolve, o mediador poderá propor uma reunião ou atividade sistêmica, que pode ser em conjunto com pessoas (que podem ser estagiários ou empregados, da câmara ou do tribunal) ou individual com bonecos, para representar as partes envolvidas no conflito.

Por meio das constelações sistêmicas, as partes têm um novo olhar para o conflito, que pode ajudar a entender e corrigir determinados comportamentos, encontrando a melhor solução que atenda aos desejos, interesses ou necessidades de todos.

3

AS PARTES ENVOLVIDAS NA MEDIAÇÃO

3.1 As partes litigantes

Quando um procedimento se inicia, nem sempre quem apresenta o caso é quem tem razão, ou, analisando de outra maneira, não necessariamente as partes envolvidas no litígio estão com a razão. Cada um está com a sua certeza, baseado em seu próprio ponto de vista, de acordo com suas crenças, formação familiar, escolar, religiosa, filosófica e com o ambiente em que vive. Além disso, são adicionadas as emoções: mágoas, raivas e o desejo de vingança.

Geralmente o conflito surge e as partes nem sequer tentam uma solução imediata, podendo se desenvolver, principalmente, quando não há diálogo. O conflito, na maioria das vezes, nasce pequeno e vai se desenvolvendo, chegando até a agressões verbais e físicas, principalmente quando não há diálogo entre as partes e não tentam resolvê-lo antes. As partes podem ficar chateadas por vários dias, meses ou anos, e inclusive por toda a vida. Para isso, destacamos um exemplo divulgado no programa *Fantástico*, no quadro "O Conciliador", na Rede Globo de Televisão, do Brasil. O conflito que foi apresentado era o caso de duas vizinhas, que eram amigas, e, por causa de um ruído irritante que era ocasionado ao fechar o portão de uma delas, elas ficaram inimigas por 25 anos.

A vizinha que se sentia incomodada ingressou com um processo junto ao Poder Judiciário brasileiro para que a dona do portão o trocasse, porque não mais suportava aquele barulho. Na audiência de mediação, depois de muita discussão, as vizinhas identificaram uma possível solução. Houve uma sugestão, que foi acatada por ambas, para colocar um pequeno pedaço de câmara de ar de um pneu entre um ferro e outro do portão, que impediu que voltasse a fazer barulho. Depois de 25 anos, voltou a amizade entre as vizinhas.

Na realidade, o conflito na maioria das vezes nasce pequeno, porém pode crescer, chegando até a agressões verbais e físicas. Pode se manter parado ou mudar a forma como se apresenta, por ele ser dinâmico. Depois de algum tempo, talvez não seja possível descobrir quem e quando ele começou. Como narra João Baptista de Mello Souza Neto, "[...] na maior parte das vezes é difícil a descoberta da causa do litígio"[33].

Quando as partes chegam a ingressar com um processo judicial ou procurar um procedimento de mediação, muitas vezes é justamente pela falta de diálogo. Os dois têm a razão e são os donos da verdade. Cada um com a sua razão, e nem sempre são leais à resolução do conflito.

Para desenvolver melhor a mediação, é imprescindível que as partes estejam de boa-fé e queiram encontrar uma solução, já que, se não existe diálogo, fica difícil obter um resultado positivo.

As pessoas quando estão em um conflito não ficam satisfeitas com a situação, tampouco encontram uma saída, somente a delas mesmas, e sempre apontando que o erro é da outra parte. O mediador ajuda ambas as partes a enxergar o conflito por um ângulo diferente e a fazer com que uma parte entenda também as razões da outra.

Sempre que o mediador perceber que uma das partes está de má-fé na resolução do conflito e que quer somente tirar proveito do processo para obter vantagem, ele não deverá continuar com o procedimento, informando às partes que como está não é possível avançar com a mediação.

Como afirma João Baptista de Mello e Souza: "Trata-se de alguém que, quando se apresenta, surge na audiência para tentativa de conciliação, alegando suposta boa vontade para resolver o problema, mas demonstrando intensa inflexibilidade, a pretexto de preservar 'seus direitos.'" [34]

Um exemplo disso ocorreu em uma audiência de mediação que envolveu uma empresa de construção e uma pessoa que comprou um apartamento. O comprador estava com 10 parcelas em atraso. As partes foram para a audiência de mediação, o mediador perguntou se havia proposta, e ambos disseram que sim. O comprador disse que poderia pagar, a partir daquele mês, uma prestação atual e uma vencida até regularizar todas as parcelas em atraso, porém a empresa não aceitou e fez também uma proposta que seria o valor total do apartamento, ou seja, R$ 180.000,00.

Na realidade, a empresa construtora não queria resolver o conflito senão encontrar um motivo para retomar o apartamento, já que, naquele

---

[33] NETO, João Baptista de Mello e Souza. *Mediação em Juízo*: abordagem prática para a obtenção de um acordo justo. 2. ed. São Paulo: Atlas, 2012. p. 15.
[34] *Ibidem*, p. 19.

momento, estava mais valorizado no mercado. O mediador percebeu a má-fé da empresa e encerrou a mediação.

Portanto, é preciso mudança de comportamento das partes na audiência de mediação, passando de litigante a colaborativo, e, com isso, tem-se influência direta no êxito do procedimento.

3.2 O mediador

3.2.1 Quem pode ser mediador?

Qualquer pessoa maior e capaz pode mediar um conflito, desde que tenha condições técnicas e equilíbrio para conduzir o procedimento. A mediação é um método alternativo de resolução de conflitos em que o mediador ajuda as partes a restabelecer a comunicação direta entre elas para que encontrem e construam a melhor solução que atenda aos interesses e às necessidades de todos os envolvidos na controvérsia.

A mediação não só pode ser utilizada antes ou depois do processo judicial já instaurado, como também em um procedimento extrajudicial, sem ter nenhuma relação com a justiça estatal.

A lei brasileira de nº 13.140/2015 descreve quem pode ser o mediador que pode atuar no Poder Judiciário. De acordo com o artigo 11: "O mediador tem que ter 2 anos de graduação em qualquer graduação e curso específico baseado na Resolução 125 do CNJ (Conselho Nacional de Justiça)."[35] Já para o mediador extrajudicial, não há essa exigência. Geralmente o mediador extrajudicial atua conjuntamente com uma câmara de mediação, que, para mantê-los no cadastro, exige que seja graduado em qualquer curso e que tenha condições técnicas para exercer a profissão. Essas exigências servem para dar maior credibilidade e garantir qualidade nos resultados oferecidos pela câmara. Se a mediação é conduzida por um estudante ou por um mediador que não esteja bem capacitado, pode não ser produtiva e não atingir os objetivos das partes, que é encontrar a melhor solução para o conflito.

---

[35] BRASIL. *Lei nº 13.140*, de 26 de junho de 2015.

3.2.2 O que se espera do mediador?

Quando as pessoas procuram a mediação, esperam que um terceiro, imparcial, encontre uma solução para o conflito ou simplesmente decida. Essa não é exatamente a função do mediador. Para isso, nas câmaras deve haver pessoas preparadas para explicar como funciona esse processo e explicar a função do mediador e como o processo será conduzido. Além disso, as partes esperam que o mediador seja honesto, cordial, imparcial, neutro, simpático e que transmita confiança. Tais características são importantes para dar tranquilidade e estimular as partes a encontrar a melhor solução. O mediador é o coordenador do procedimento e precisa ter o controle com voz tranquila, sem elevar o tom, e manter a harmonia e respeito entre as partes.

Resumindo, o mediador tem que ter sensibilidade, entender as partes sem dar razão a ninguém, saber planejar e ser organizado, ter a capacidade para conduzir o procedimento, ter calma, paciência, perseverança e fé.

3.2.3 O comportamento do mediador e a sua postura

O mediador deverá ter boa aparência, conduzir as partes até a mesa, ser cordial, administrar e ter controle de toda a mesa de uma maneira segura, sem demonstrar fraqueza, analisar os movimentos e as reações corporais. Deve manter a voz tranquila, sem elevar o tom, e manter a harmonia e o respeito entre as partes envolvidas, e, enquanto as partes fazem seus relatos, o mediador presta atenção a todos e, se perceber algum comportamento inadequado, identifica e interfere, não deixando prosseguir.

Os cuidados do mediador com a aparência são desde a roupa e decotes até os cabelos e acessórios. Os cuidados continuam com a maneira de se sentar, o tom de voz, o olhar para os participantes, a demonstração de interesse no que está sendo apresentado. Tudo isso é importante para gerar confiança das partes para com o mediador.

3.2.4 A coragem do mediador

Negar ou desistir de administrar o procedimento de mediação não é tarefa fácil. Primeiro o mediador deve aceitar a tarefa de mediar de acordo com a sua capacidade técnica. Às vezes depende do tema apresentado: família, consumidor, societário, vizinhança, escola etc. Ocorre que o mediador pode aceitar administrar o procedimento em razão dos honorários que vai receber, sem avaliar as condições de se chegar ao desfecho satisfatório.

A complexidade do tema nem sempre é identificado na entrevista inicial, mesmo quando a outra parte é convidada e aceita participar do procedimento. No decorrer da primeira reunião, o mediador pode sentir dificuldade em avançar na mediação, em razão da animosidade das partes e dos advogados, sem acreditar na conquista do resultado desejado. Nesse caso, o mediador poderá fazer reunião privada, com as partes e com os advogados, explicar novamente o procedimento e a necessidade do diálogo e que na mediação não há espaço para disputa de teses jurídicas.

Se a mediação não avança e o problema está na dificuldade do mediador em administrar o procedimento e lidar com a situação, é melhor não continuar. Só que não pode simplesmente abandonar o procedimento. Para isso, é recomendado que o mediador suspenda a mediação e marque, com a concordância de todos, um novo encontro, convidando outro mediador para auxiliá-lo. O primeiro mediador inicia a reunião, apresenta o comediador e, com a autorização das partes, deixa que ele participe também do procedimento, podendo atuar ativamente na mediação e, se as partes concordarem, o comediador assume o procedimento pouco a pouco. Após a aceitação dos envolvidos, o mediador pode se afastar completamente da mediação, deixando que o comediador conduza-a até o final do procedimento.

Essa mudança pode ocorrer quando o mediador verifica que não é possível chegar a uma solução e que ele não está conseguindo avançar, sem condições técnicas de continuar no procedimento. Quando isso ocorre, é indicado que o mediador passe a condução da mediação para o colega, tudo com a concordância das partes e dos advogados.

3.3 O papel do advogado na mediação

É evidente que nos tempos atuais o advogado tem que estar conectado com as mudanças que ocorrem com relação à prestação jurisdicional; que, cada vez mais, os tribunais de todo o País têm estimulado e dado prioridade aos métodos alternativos de resolução de conflitos a exemplo da negociação, da conciliação, da mediação e da arbitragem.

No Brasil, existia e ainda existe uma cultura para o embate, em que os advogados são preparados para enfrentar o litígio por meio de um processo na justiça estatal e dificilmente querem um acordo. Nas palavras de Manuel Alvarez Trogé:

> El currículo de la Carrera de Abogacía está orientado a preparar en forma enciclopédica a los alumnos, obligándolos a estudiar diferentes códigos a fin que sepan aplicar tal o cual norma ante la consulta específica del cliente. Y ante la presencia del conflicto judicial se les enseña nuevamente 'leyes', las llamadas 'leyes de forma', los Códigos Procesales que describen procedimientos para aplicar el Derecho de fondo que antes he estudiado estos mismos alumnos.[36]

Com a necessidade de adaptar o exercício da advocacia aos novos tempos, está existindo uma mudança no ensino dos cursos de Direito, incluindo nas universidades e nas faculdades a disciplina referente aos métodos alternativos de solução de conflitos. Em alguns países, ela já é obrigatória nas grades curriculares para formar uma nova geração de profissionais do Direito que possam utilizar as ferramentas alternativas na resolução das disputas.

É uma nova cultura que está sendo implantada e é necessária a adaptação dos advogados e da sociedade, de uma maneira geral, para que possam compreender que é possível resolver o conflito de uma maneira mais simples e rápida. A ideia de processar, a competição dos advogados na audiência, a disputa pelos direitos até o último recurso, são comportamentos enraizados em nossa cultura que pouco a pouco precisam ser mudados para estimular o diálogo entre as partes e construir uma solução que satisfaça aos interesses e às necessidades de todos.

A mediação é um método que vem sendo difundido no Brasil como uma alternativa com o objetivo de não só reduzir a quantidade de processos que tramitam no Poder Judiciário, como também dar às partes e aos advogados uma resposta rápida e eficiente quanto às expectativas pretendidas, fazendo, assim, a verdadeira justiça.

O advogado precisa estar preparado para enfrentar esses novos desafios e fazer uma mudança no seu comportamento. Passar de advogado litigante para advogado colaborativo.

---

[36] "O currículo da carreira da advocacia está orientado a preparar os alunos de forma enciclopédica, obrigando-os a estudar diferentes códigos a fim de que saibam aplicar tal ou qual norma ante a consulta específica do cliente. E ante a presença do conflito judicial lhes ensina novamente 'leis', as chamadas 'leis de forma', os Códigos Processuais que descrevem procedimentos para aplicar o Direito de fundo que antes estudaram estes mesmos alunos." (TROGÉ, Manuel Alvarez. *Aprender a Abogar*. Disponível em: www.metodosalternativos-marc.blogspot.com. Acesso em: 10 mar. 2017, tradução nossa).

Essa mudança de postura do advogado apresenta um novo caminho que facilita uma melhor solução para o conflito, em que o profissional do Direito passa a ser um agente transformador na forma como serão conduzidas as tratativas e as audiências na busca de atender aos interesses e às necessidades das partes.

Nas reuniões de mediação, é importante a participação do advogado, mesmo que não seja exigida por lei, como é o caso da mediação extrajudicial, em que não é obrigatória a sua presença.

A lei brasileira de mediação, a de número 13.140/2015, no seu artigo 10, quando trata da mediação extrajudicial, afirma que: "As partes poderão ser assistidas por advogados ou defensores públicos." Já na mediação judicial, a participação do advogado se torna necessária, como determina o artigo 26 da mesma lei, ao expressar que: "As partes deverão ser assistidas por advogados ou defensores públicos, [...]." Portanto, sempre é bom a parte ser assessorada por um advogado, mesmo que ele não esteja presente na audiência.

Na audiência de mediação, ocorre uma mudança na maneira de trabalhar e no comportamento do advogado em comparação com o processo judicial. Quando a disputa do conflito tramita na justiça estatal, o advogado é o protagonista da causa. É ele quem faz as alegações e a defesa dos direitos do seu cliente diante do conflito, podendo o juiz ouvir as partes em audiência. Já na mediação, os protagonistas são as partes, e os advogados é que devem ter a postura e o comportamento diferentes. Alguns advogados não aceitam essa mudança de papel, ou seja, deixar de ser protagonista junto ao juiz para ser assessor da parte diante do mediador. O advogado está acostumado a disputar na busca dos direitos do seu cliente e, em algumas vezes, dos seus próprios interesses particulares, que podem ser contrários aos do cliente. Para o advogado, quanto mais ganhar a disputa, maiores serão os seus honorários, já que ganha um percentual sobre o valor da causa. O advogado vai à busca dos honorários sucumbenciais, que são aqueles determinados pelo juiz para que a parte que perder pague ao advogado da parte vencedora.

Também há o advogado que prefere que o processo tramite em um tempo maior a fazer um acordo célere e que tenha um resultado planejado por ele no qual os direitos do seu cliente poderão ser reduzidos e, em consequência, ocorrerá redução dos seus honorários.

O advogado deve entender que o Direito é para atender a interesses e necessidades da parte, e não dele. Se o cliente fica satisfeito com menos porque atende a seus interesses e necessidades, o advogado não pode deixar de aceitar ou estimular que a parte não aceite o acordo. Ele tem que aceitar que o que prevalece é o interesse da parte. Por outro lado, tem que valorizar o seu trabalho e em consequência os seus honorários. Se trabalha em cima de um percentual sobre o valor da causa, pode estipular um valor mínimo para os seus honorários. Isso porque a parte que o contrata pode fazer um acordo em que prevaleça um valor pequeno ou simplesmente aceitar um pedido de desculpas, no caso que trata de uma ofensa com um pedido de indenização por danos morais. Se a parte aceita as desculpas e dispensa a indenização, o advogado deverá receber um valor mínimo. É preciso que o seu trabalho seja valorizado.

Outra dificuldade que o advogado enfrenta na mediação é em relação ao tempo das reuniões. Enquanto a audiência judicial é, em geral, mais prática e rápida por suas características, a reunião de mediação é mais prolongada e pode desenvolver-se em mais de uma sessão. O tempo mais longo na mediação é em decorrência da utilização das técnicas e a participação ostensiva das partes. Em compensação, é mais provável que as partes saiam da reunião de mediação com resultados satisfatórios para elas, sem falar no tempo da resolução do conflito, que começa desde a entrada do procedimento na câmara de mediação até um provável acordo, o que não é frequente na audiência judicial.

Nesse contexto, o advogado também se beneficia com o procedimento da mediação, porque pode receber seus honorários em um menor tempo ao invés de esperar pelo fim do processo judicial. Outra vantagem para o advogado utilizar a mediação é que, com a possibilidade de acordo, todos ganham. Com um bom acordo, o advogado sempre vence, não sendo surpreendido por um julgamento contrário, que pode ocorrer no processo judicial.

Portanto, diante de um litígio temos três tipos de advogados: o litigante, o colaborativo e o sistêmico.

3.3.1 O advogado litigante

O advogado litigante é aquele que vai à busca e defende todos os direitos do seu cliente, não admite ceder nem perder, tampouco gosta de negociar nem muito menos respeitar os demais e ainda provoca o advogado da outra parte.

A vaidade e a arrogância falam mais alto. Ele quer ganhar a qualquer custo e não se importa com o outro. Acredita ser o dono da razão e procura gerar a culpa e a responsabilidade para a outra parte. Ele dificulta o acordo e, se puder, leva o litígio aos tribunais até as últimas consequências, porque acredita que em uma decisão proferida por um juiz o valor da condenação é maior, bem como será maior o valor dos seus honorários, já que, geralmente, é um percentual sobre o montante determinado pelo juiz.

O advogado litigante que vai à reunião de mediação pode estimular seu cliente a desistir do procedimento. Às vezes prefere defender todos os direitos do cliente com argumentos repetidos, apresentando a sua tese, ainda que infundada, para garantir o melhor resultado que vislumbra para o seu cliente, porque não quer "perder nada". Na realidade, ele não olha e não quer entender os verdadeiros interesses do cliente, mas somente os seus próprios interesses e o que pode ganhar na causa. Esse tipo de advogado pode bloquear o avanço da mediação, fazendo com que o procedimento seja encerrado sem conclusão nem acordo.

Nesse sentido, comenta Ugo Draetta: "Con frecuencia, otro error en el que los abogados de las partes incurren consiste en plantear demasiados argumentos en sustento de la propia posición de sus clientes, entre los que encuentran algunos argumentos irrelevantes o incluso claramente infundados."[37].

Portanto, o advogado litigante é aquele que não se importa com a outra parte. Somente importa o direito do seu cliente, e, com isso, ele vai até as últimas consequências para fazer valer esses direitos.

3.3.2 O advogado colaborativo

A postura e o comportamento do advogado na mediação devem ser de um colaborador para a resolução do conflito. Ele deve ser humilde, tranquilo, paciente, flexível, assessor do seu cliente e trabalhar em conjunto para que as partes encontrem alternativas e construam uma solução que atenda todos os envolvidos no conflito. Inclusive tem que entender que os protagonistas são as partes, e não os advogados, e que está ali para assessorar

---

[37] "Com frequência, outro erro em que os advogados das partes incorrem consiste em apresentar demasiados argumentos no sustento da própria posição de seus clientes, entre os que encontram alguns argumentos irrelevantes ou inclusive claramente infundado." (DRAETTA, Ugo. *La otra cara del arbitraje*. Bogotá: Editorial Universidad del Rosario, 2012. p. 23, tradução nossa).

o seu cliente, deixar que a parte exponha o caso e, se for necessário, pode acrescentar mais argumentos ao relato e instruir sobre as possibilidades legais para estimular um acordo, se for possível.

É imprescindível que tenha respeito pelo mediador, pela parte contrária com seu advogado e se conscientizar de que as palavras *vaidade* e *arrogância* não fazem parte do dicionário do advogado colaborativo.

E, por último, deverá orientar o seu cliente sobre o comportamento na audiência de mediação e estimular a preparar, com antecedência, propostas para possíveis soluções para o conflito e que essas propostas possam também atender aos interesses e às necessidades da parte contrária. Na mediação, todos ganham e saem satisfeitos quando a solução atende aos interesses e às necessidades de todos.

3.3.3 O advogado sistêmico

Com a introdução das constelações sistêmicas introduzidas na resolução de conflitos, judiciais ou extrajudiciais, surgiu um novo Direito, o Sistêmico, termo criado pelo juiz de Direito da Bahia Sami Storch. O Direito Sistêmico traz um novo olhar para o conflito, que agora passa a ser visto de uma maneira mais ampla, trazendo à tona fatos ocultos e desconhecidos que muitas vezes ocorreram por intermédio dos antepassados, que podem influenciar na ocorrência de determinados conflitos.

A partir do novo Direito que vem crescendo no Brasil, atualmente 12 estados – Alagoas, Amapá, Bahia, Ceará, Goiás, Mato Grosso, Mato Grosso do Sul, Pará, Paraná, Rio Grande do Sul, Rondônia, São Paulo – e o Distrito Federal já o implantaram no Poder Judiciário, e a implantação encontra-se em andamento nos outros estados.

Com a implantação do Direito Sistêmico no Poder Judiciário, surge um novo perfil de profissional: o advogado sistêmico.

O advogado sistêmico é aquele que traz um novo olhar para o conflito, valorizando o ser humano, buscando a paz social. Ele não tem o perfil litigante, e sim colaborativo, e busca no cliente as razões que o levaram a participar do conflito, ajudando-o a entender a vantagem da não judicialização ou, se a disputa já estiver judicializada, a encontrar uma solução que satisfaça aos interesses e às necessidades das partes.

Para isso, é preciso uma mudança de cultura da sociedade e dos advogados, saindo de uma posição litigante para uma visão colaborativa, ou seja, a vontade de colaborar para que se chegue a uma solução. Além disso, é necessário olhar para o conflito com uma visão sistêmica.

Segundo Marcella Santos, a advocacia sistêmica começa com o advogado e

> Não se faz advocacia sistêmica sem advogados sistêmicos, e claro, sem esse nível de consciência do 'eu'. O advogado sistêmico compreende e está comprometido de forma integral, primeiro como indivíduo em seus pensamentos, emoções, energia, relacionamentos, atitudes nos diversos papéis, ambiente, comportamentos, capacidade, valores, crenças, e sistemas aos quais pertence[38].

Portanto, a advocacia sistêmica exige uma nova postura do advogado que vai militar nessa área, para que ele possa colaborar na resolução do conflito de uma maneira sistêmica e que o cliente possa entender o que ocorre na disputa por outro ângulo que pode ainda não ser do seu conhecimento, ajudando na sua resolução.

---

[38] Disponível em: https://www.advocaciasistemica.com.br-post/2016/08/05/o-que-e-advogacia-sistemica. Acesso em: 15 fev. 2017.

4

O PROCEDIMENTO

O procedimento de mediação pode ser feito em uma sessão ou mais de uma. Vai depender tanto da complexidade do conflito e da vontade das partes como também dos advogados. É indicado que a reunião dure em média três horas, para não se tornar cansativa, e vai depender da disposição dos participantes. Às vezes algum dos envolvidos tem um compromisso previsto e se apresenta impaciente, sempre olhando para o relógio, ou o mediador percebe que alguém está cansado. Ou, ainda, a mediação não avança, por isso é melhor suspendê-la para que as partes reflitam sobre o conflito e retornem outro dia para continuar com o procedimento. Essa interrupção pode ser sugerida pelo mediador ou por qualquer um dos participantes. Não adianta insistir no procedimento sem que haja uma perspectiva de acordo, porque pode estar fadado ao insucesso.

Para facilitar o entendimento do procedimento de mediação, vamos dividi-lo, didaticamente, em seis etapas, com a indicação das ferramentas que podem ser utilizadas em cada uma delas. Para explicar cada etapa, vamos apresentar alguns diálogos, baseados em um caso real em que o procedimento foi realizado em uma câmara de mediação. Os nomes das pessoas que foram utilizados são fictícios para preservar a identidade dos participantes.

4.1 Etapas do procedimento

4.1.1 Primeira etapa: reunião inicial

Ferramentas indicadas na primeira etapa: acolhimento e legitimação, escuta ativa e perguntas fechadas.

Marcada a primeira reunião, é a hora de esperar os participantes. Para dar um bom andamento ao procedimento e ocorrer tudo como foi planejado, é indicado que, no dia anterior à reunião, o secretário da câmara telefone para as partes e confirme as presenças e explique o melhor caminho para chegar ao local, orientando também sobre o estacionamento mais próximo. Com essas informações, pode-se evitar faltas e atrasos, além da satisfação das partes com relação ao serviço prestado.

Chega o dia da reunião. As partes chegam ao local indicado. A secretária da câmara recebe-as com cordialidade e encaminha a primeira parte e seu advogado para que se acomodem na recepção ou para uma das salas de apoio.

Esse é momento em que a secretária recebe os documentos de identificação das partes e dos advogados, tira cópia e os devolve. Ao chegar a outra parte, o secretário recebe da mesma forma e também encaminha para a recepção ou uma sala de apoio, fazendo o mesmo procedimento.

Cabe ressaltar que se evite, antes de começar a reunião, o encontro direto entre as partes. É um momento de reflexão e diálogo de cada uma das partes com seus advogados ou acompanhantes para definir como deve proceder e se comportar, assim como falar sobre os últimos detalhes e as prováveis soluções para o conflito.

Vamos iniciar a reunião. O mediador dirige-se a uma das partes, apresenta-se, pergunta se está acompanhada de advogado e, se tiver, também se apresenta e o saúda. Depois os conduz até a sala onde vai ocorrer o procedimento e os posiciona na mesa, indicando as cadeiras nas quais devem se sentar. A parte senta-se ao lado do mediador, e o advogado, depois do cliente.

Mediador: Bom dia. Eu me chamo Pedro e sou mediador. O senhor é Carlos Alberto Fernandes?

Carlos Alberto: Sim. Sou eu.

Mediador: O senhor está acompanhado de advogado?

Carlos Alberto: Sim. Este é o Dr. Ramirez.

Mediador: Muito prazer, Dr. Ramírez. Por favor, os senhores podem acompanhar-me à sala de reunião?

Carlos Alberto e Dr. Ramírez: Sim, claro.

Em seguida, o mediador dirige-se à outra parte com seu advogado e faz o mesmo procedimento. Com todos já acomodados em suas respectivas cadeiras, o mediador novamente se apresenta, mantendo um comportamento seguro e cordial. Se for necessário, também apresenta o comediador e as demais pessoas da câmara que vão participar da mediação, por exemplo:

secretário, digitador, observador e estagiários (estes últimos desde que as partes permitam).

Para começar, o mediador dirige a palavra às partes junto a seus advogados e pergunta se pode chamá-los por seus próprios nomes, observando sempre o tratamento formal. Aos clientes, tratá-los de senhor e senhora, e aos advogados de doutores.

Mediador: Sr. Carlos Alberto, posso chamá-lo assim?

Carlos Alberto: Chame-me simplesmente de Carlos, por favor.

Mediador: Sr.ª María Fernandez, posso chamá-la por este nome?

María Fernandez: Pode me chamar somente por Maria.

Antes de apresentar o discurso inicial, o mediador pode fazer uma pergunta ou um comentário para quebrar o gelo. É necessário que se tenha muito cuidado para não intimidar ou ofender as partes e ter de encerrar o procedimento de imediato depois de iniciá-lo.

Mediador: Foi difícil chegar à câmara?

Como o tempo está quente!

Os senhores estão confortáveis?

Depois de quebrar o gelo, chega o momento do discurso inicial. É a hora em que o mediador expõe aos participantes as regras de comportamento e de procedimento da mediação.

É na primeira etapa que o mediador tem a oportunidade de conquistar a empatia e a confiança das partes. Essa conquista começa desde a condução das partes até a mesa com a apresentação de todos e do discurso inicial. Com a apresentação do discurso inicial, o mediador poderá prosseguir com a mediação delimitando como vai ser o procedimento, para facilitar a sua condução.

Após a apresentação de todos os participantes, o mediador pode perguntar se todos sabem o que é mediação.

Mediador: Os senhores conhecem o que é mediação?

Se todos já conhecem, o mediador apenas reforça o conceito e as regras da câmara, já que cada uma pode ter suas próprias regras, podendo o mediador explicar de uma forma mais simples.

Mediador: A mediação é um procedimento alternativo com o objetivo de solucionar conflitos em que o mediador vai ajudar às partes de forma neutra e imparcial para que elas, em conjunto, encontrem a melhor solução.

O mediador continua com o discurso inicial.

Mediador: Eu não estou aqui para julgar. Sou neutro, imparcial e tenho interesse em ajudar as partes a encontrar a melhor solução para o impasse dos dois. O procedimento de mediação é voluntário e confidencial, e o que for relatado aqui não pode ser comentado em outro lugar. Eu não posso ser testemunha em um procedimento nem arbitral, nem judicial.

Os senhores com seus advogados vão ter tempo para falar, e é importante que, quando alguém estiver falando, os demais escutem, sem interrompê-lo. Em cima da mesa, há papéis e canetas para que possam fazer as anotações mais importantes do relato e das colocações que não estejam de acordo. E, quando chegar a oportunidade de falar, pode comentar o que não está de acordo sobre o que o outro relatou. É importante manter um diálogo com respeito e harmonia para um bom andamento do procedimento, e, se for necessário, é possível solicitar reuniões privadas que também podem ser solicitadas por qualquer uma das partes ou advogados. Se fizer a reunião privada com uma das partes, à outra parte também será dada a mesma oportunidade. Essas regras são úteis para ajudar na dinâmica do procedimento.

Ao final do discurso inicial, o mediador pergunta se as partes entenderam o que foi apresentado. Sendo a resposta positiva, o mediador pergunta se todos concordam em continuar com o procedimento.

Mediador: Os senhores entenderam o que foi apresentado?

Todos: Sim.

Mediador: Todos concordam que continuemos com a mediação?

Todos: Sim, estamos de acordo.

Se todos estão de acordo com as regras de comportamento e de procedimentos, segue o próximo passo da mediação.

4.1.2 Segunda etapa: a identificação das posições

Ferramentas indicadas para a segunda etapa: escuta ativa, perguntas abertas, perguntas fechadas, parafraseamento, reunião conjunta (se não for possível, o mediador fará reuniões privadas, desde o início).

Chega o momento dos relatos. Geralmente essa etapa segue também com a reunião conjunta em que cada parte relata as suas posições no conflito. Cada parte chega à mediação com as suas razões, crenças e argumentações. É nesse momento que cada um vai apresentar suas posições diante da outra parte na presença de um terceiro, o mediador, sempre respeitando as regras definidas no discurso inicial.

Quem começa a falar? Na realidade, qualquer das partes pode começar a apresentar o relato, desde que as regras da câmara de mediação assim autorizem.

Mediador: Quem quer começar a falar?

Geralmente quem começa a falar é quem propôs a mediação. Se não tem acordo, o mediador pode apresentar as regras da câmara.

Mediador: Bem, a regra da câmara diz que quem deu início à mediação é quem deverá começar a falar. Portanto, Sr. Carlos, o senhor pode começar a falar.

Definido quem vai começar primeiro, o mediador faz a pergunta de acesso para prosseguir com a mediação.

Mediador: Sr. Carlos, quais foram os motivos que o trouxeram à mediação?

Carlos: Eu sou engenheiro e atualmente vivo na capital. Maria foi minha esposa por mais de cinco anos e dessa relação nasceu o nosso filho, João, atualmente com 10 anos. Houve um desgaste na nossa relação, e Maria saiu de casa com nosso filho e foi viver com a sua mãe em uma cidade do interior do estado.

Carlos continua:

Carlos: Acontece que nosso filho está com 10 anos, e eu estou preocupado com a sua formação escolar e seu futuro. Geralmente a capital é mais desenvolvida e tem a possibilidade de ter uma escola com melhor aprendizagem. Como a escola da cidade em que vive a mãe de João é pequena, o mais provável é que haja um ensino de menor qualidade.

Durante o relato, a outra parte pode não concordar com o que está sendo narrado e interrompe ou rebate o que está sendo dito. Nesse momento, o mediador relembra as regras apresentadas no discurso inicial, para que todos sigam o que foi acertado e possa manter o controle do procedimento.

Maria: Não é bem assim o que ele está falando. Na cidade em que moramos também há boas escolas.

Mediador: Sr.ª Maria, o que ficou combinado no início e que todos concordaram? Combinamos que quando um está falando os demais devem escutar e que, se quiser, pode anotar o que não está de acordo, e também que quando chegar a sua oportunidade de falar pode apresentar suas razões com relação ao relato. Não foi assim que acertamos? Podemos continuar como foi combinado?

Maria: Sim, podemos continuar.

Mediador: Sr. Carlos, pode continuar? Por favor.

Carlos: Eu quero que nosso filho venha viver comigo [...].

O mediador, para confirmar se está entendendo o relato da parte, pode utilizar a técnica do parafraseamento, que consiste em transmitir com as próprias palavras o que a outra relatou.

Mediador: Deixe-me saber se eu entendi. O senhor quer que o seu filho vá morar com o senhor e quer garantir um futuro melhor para ele? Foi isso que entendi?

Em seguida, o mediador pergunta ao advogado de Carlos se quer acrescentar algo mais.

Mediador: Dr. Ramirez, quer acrescentar algo?

Dr. Ramirez: Eu quero dizer que o Estatuto da Criança e do Adolescente diz que se deve atender ao melhor interesse da criança. Portanto, o melhor para a criança é ficar ao lado do seu pai, que pode garantir o melhor futuro.

Mediador: Algo mais?

Carlos e Dr. Ramirez: Não, somente isso.

Mediador: Obrigado.

Quando uma parte conclui o relato, chega a hora do mediador passar a palavra para a outra parte e, em seguida, a seu advogado, e o mediador deverá obedecer à simetria, ou seja, o tempo que um tem para falar o outro também deverá ter.

Mediador: Sr.ª Maria, é o seu momento de falar.

Maria: Eu não suportava mais viver com Carlos. Ele é um homem ignorante e mal-educado.

Mediador: Sr.ª Maria, o que foi combinado no início? Lembra que todos concordaram que íamos fazer uma reunião com respeito? Podemos continuar assim?

Maria: Sim, perdão. Eu quero dizer que não era mais possível continuar a viver com Carlos, por isso fui morar com a minha mãe. Não é fácil. Estou sem trabalhar, porém estou em paz. Carlos falou que na cidade que moro não há escola de qualidade. Eu não estou de acordo. Ainda, é mais importante que João fique comigo. Eu cuido muito bem dele.

O mediador, quando percebe que a outra parte não está prestando atenção ou não entende o que o outro está relatando, interrompe o narrador e fala para a outra parte o que o narrador falou. É que as partes chegam ao conflito com suas próprias razões e não querem prestar atenção ao que o outro está falando. Para isso, o mediador poderá utilizar, mais uma vez, a técnica do parafraseamento.

Mediador: Sr. Carlos, o senhor está entendendo o que a Sr.ª Maria está dizendo? Eu vou dizer para o senhor. Maria falou que na cidade onde mora também há escolas de qualidade e que João pode ter um bom aproveitamento. O senhor entendeu o que Maria quer dizer?

Carlos: Agora sim.

Mediador: Sr.ª Maria, pode continuar.

Maria: Eu só quero o melhor para nosso filho [...].

Mediador: Dr. Francisco (advogado de Maria), o doutor quer dizer algo para complementar?

Dr. Francisco: A minha cliente tem todo o direito de ficar com a guarda do filho. Ela é mãe e tem condições de dar maior assistência, já que não trabalha. Além disso, Carlos trabalha toda a semana e ainda faz muitas viagens. Ele não tem como acompanhar o dia a dia de João. A Lei comenta que deve prevalecer o melhor interesse da criança, e eu acredito que seja ao lado da sua mãe.

Depois que encerram os relatos, o mediador passa para a terceira etapa da mediação, que é a identificação do conflito por meio do resumo.

4.1.3 Terceira etapa: resumo dos relatos das partes, identificação do conflito e a preparação da agenda

Ferramentas indicadas para essa etapa: escuta ativa, perguntas fechadas, resumo, agenda e reunião conjunta (se não for possível, o mediador fará reuniões privadas desde o início).

Agora chegou a hora do mediador entender o que é o verdadeiro litígio. Depois que o mediador escuta os relatos das partes e dos advogados, o próximo passo é fazer o resumo do que foi exposto e entender do que trata a disputa.

Mediador: Pelo que entendi, a criança está sob a guarda da mãe, e o pai quer que essa guarda seja transferida para ele. Também entendi que ambos querem a melhor educação para o filho, com uma escola que garanta uma boa aprendizagem e, consequentemente, um futuro melhor.

O mediador continua.

Mediador: Outro ponto verificado é que ocorre uma discordância sobre as visitas e as férias escolares. Por fim, a Sr.ª Maria alega que o Sr. Carlos não tem condições de dar assistência física e pessoal ao filho porque mora em uma cidade e passa semana trabalhando em outra, somente podendo ficar com ele nos finais de semana. São estes os temas nos quais os senhores estão divergindo?

Carlos: Gostaria de acrescentar que nós temos uma casa onde Maria vive com nosso filho, João. Eu quero vendê-la e dividi-la entre nós.

Mediador: Vamos incluir na agenda o tema da venda da casa. Estão de acordo?

Carlos e Maria: Sim.

Após identificar os temas que envolvem o litígio e antes de começar a explorar a sua origem, bem como identificar os interesses e necessidades de cada um, o mediador vai organizar a agenda dos temas que vai trabalhar com as partes. Na agenda, o mediador coloca em ordem os temas que vai discutir com elas. Sempre do mais fácil ao mais difícil. É importante essa ordem porque, se conseguem resolver um tema e chegar a um acordo, as partes vão verificar que houve um avanço na negociação e, com isso, estimula-se a busca para resolver os demais. A agenda é dinâmica. Durante o procedimento, é possível que se incluam novos temas que possam surgir e se retirem outros que já não interessam mais ou que ainda não é o momento de discutir.

Mediador: Podemos fazer a pauta de discussão da seguinte maneira: primeiro vamos tratar sobre a venda da casa, depois trataremos da guarda de João e em seguida as visitas e férias escolares. Todos estão de acordo?

Quando todos concordam com a agenda, o mediador segue para a quarta etapa, que é a busca dos interesses e das necessidades das partes.

4.1.4 Quarta etapa: a busca pelos interesses e necessidades

Ferramentas indicadas para essa etapa: escuta ativa, perguntas abertas, fechadas, reflexivas e circulares, reposicionamento do conflito, *brainstorming* (chuva de ideias), reuniões conjuntas e privadas e constelação sistêmica.

Perguntas de acesso para entender os interesses ou necessidades de cada um:

Mediador: Qual é a finalidade do pedido?

Qual é o resultado que pretende com a mediação?

Para que pede esse aumento?

O que deseja exatamente com esta mediação?

O que é realmente importante para você?

O objetivo desta etapa é explorar os verdadeiros interesses ou necessidades das partes que estão envolvidas no conflito. Quando uma pessoa chega à reunião de mediação, às vezes não apresenta o que realmente deseja. Expõe somente o conflito aparente e omite o que realmente poderia ajudar a resolver a disputa. Essa primeira apresentação chamamos de identificação das posições. Para cada uma, o que interessa é a sua própria solução. Não quer nem ouvir o que a outra pessoa quer dizer. Somente ela pensa que tem a razão, que foi construída em cima da sua formação, valores e sentimentos que muitas vezes resultam em: tristeza, raiva, amargura, mágoas, rancor e desejo de vingança.

Frequentemente o juiz toma decisões de acordo com o que foi apresentado nas petições das partes, ou seja, com base nas posições de cada um. Para encontrar uma solução que todos fiquem satisfeitos, é necessário aprofundar nas razões e nas intenções que o levaram ao litígio para identificar sua origem e seguir na construção de uma solução que atenda aos interesses e às necessidades das partes.

Nessa etapa, o mediador estimula a exploração do conflito, o que tem por trás, os interesses ocultos, as necessidades não reveladas. Quando as partes mantêm as posições como foram apresentadas inicialmente, a mediação não avança porque elas não querem fazer revelações frente a frente para não demonstrar suas fraquezas. Nesse momento, é necessária a habilidade do mediador tanto para utilizar as ferramentas adequadas para acalmar os ânimos dos participantes como também para estimular a saída das posições, e com isso continuar com o procedimento, buscando os interesses e as necessidades de todos.

Com o desenvolvimento dessa etapa, o mediador é capaz de identificar que ambos podem ter interesses comuns, diferentes e opostos.

Nem sempre esses interesses são revelados facilmente, e pode ser necessário que o mediador utilize a reunião privada para que as partes possam relatar e revelar o pano de fundo do conflito, o que está por trás do conflito que ainda não tenha sido apresentado. Talvez, se estiver a sós com o mediador, a parte consiga falar o que realmente deseja como resultado da mediação. Algumas vezes é na reunião privada que são apresentadas prováveis opções e propostas para solucionar o conflito.

Ao começar a reunião privada, o mediador relembra às partes o que foi combinado no discurso inicial, que poderá, se for necessário, conversar com as partes reservadamente, sempre com a observância da simetria. O mesmo tempo que falar com um deverá ser igual ao da outra. Para manter o equilíbrio, o mediador deverá inverter a ordem de quem vai começar, ou seja, se na primeira etapa (identificação do conflito) quem relatou primeiro foi quem deu início à mediação, na reunião privada quem começará será a outra parte.

Mediador: Como foi combinado anteriormente, é possível fazer reuniões privadas. Acredito que seja necessário para que possamos avançar com o procedimento. Como começamos a mediação com o Sr. Carlos, agora vamos começar a reunião privada com a Sr.ª Maria. Sr.ª María, pode me acompanhar à sala ao lado, por favor?

Maria: Sim, claro.

No início da reunião privada, o mediador fará um novo discurso inicial reforçando as regras para as partes. É necessário que o mediador consiga conquistar a empatia e a confiança para que a parte se sinta segura e consiga revelar mais detalhes sobre o litígio, contribuindo com a identificação dos interesses ou necessidades. O mediador explica, novamente, que é neutro e imparcial, que quer ajudá-las a encontrar uma solução para as divergências apresentadas e que tudo que for falado na reunião privada, somente revelará à outra parte se for autorizado.

Mediador: Sr.ª Maria, como foi dito anteriormente, eu estou aqui para ajudar a encontrar uma solução para a divergência dos dois. Eu sou neutro e imparcial e o que a senhora falar somente direi ao Sr. Carlos quando for permitido revelar. Podemos começar?

Maria: Sim, podemos.

Mediador: O que realmente é importante para a senhora neste momento?

Maria: Carlos não tem tempo de cuidar de João. Trabalha todos os dias em outra cidade e somente vai para casa no final de semana. Se ele ficar com a guarda, João não vai ter os cuidados e o carinho nem do pai nem da mãe. Ele tampouco tem paciência de revisar as tarefas da escola, e o que ele quer exatamente é ter a guarda para não pagar a pensão a seu filho. Além disso, ele é uma pessoa muito difícil e não quero acordo com ele. Por um, quero que João fique comigo. Por outro lado, penso no futuro do nosso filho. Como já tem 10 anos e as escolas onde moramos são limitadas, tenho receio de que isso possa prejudicar o seu futuro.

Concluída a reunião, o mediador agradece à parte e convida agora a outra para a reunião privada. Em seguida, faz o mesmo procedimento que fez anteriormente, relembrando as regras que foram passadas no início do procedimento.

Mediador: Sr. Carlos, quer dizer algo mais que não falou na frente de Maria?

Carlos: Não. O que tinha para dizer já foi dito. Porém somente gostaria de acrescentar algo: é que eu estaria disposto a vir todos os dias da cidade onde trabalho para a minha casa na capital para cuidar do meu filho. Precisamos pensar em seu futuro. Se ele for morar comigo em uma cidade maior, terá mais oportunidade de estudar em uma escola com melhor estrutura.

Tanto na reunião conjunta como na privada, o mediador poderá utilizar perguntas abertas, fechadas, reflexivas e circulares com o objetivo de estimular as partes a revelar situações que, todavia, ainda não foram expostas, como também para verificar as reações corporais dos participantes.

O corpo fala, e as reações poderão ser diversas diante de uma pergunta ou informação que ainda não tenha sido revelada.

Mediador: Maria, o que impede nesse momento a senhora de deixar João ir morar com o pai?

Uma pergunta incisiva faz com que a pessoa reflita sobre o que está impedindo que ela tome uma decisão. Muitas vezes, a pessoa fica dando voltas no mesmo assunto sem saber o que dizer. A pergunta quando é feita de forma direta exige uma resposta imediata e ajuda a parte a entender que precisa posicionar-se sobre o que se está discutindo.

Continuando com a reunião privada:

Mediador: A senhora acredita que se João for morar com o pai vai ser melhor para o seu futuro?

Maria: Acredito que sim. Disso não tenho dúvida. A escola que o pai escolheu é muito boa e com certeza terá bons professores. Para João, será mais fácil ingressar na universidade. O problema é que Carlos paga uma boa pensão para o filho e como atualmente estou desempregada, esse dinheiro também me ajuda a pagar as minhas despesas pessoais, por isso é que não quero deixar João morar com seu pai.

O mediador agradece à Sr.ª Maria e volta a chamar o Sr. Carlos para uma reunião privada.

Mediador: Sr. Carlos, se João for morar com o senhor, como acha que a Sr.ª Maria ficaria? É possível compensá-la na ausência do seu filho?

Carlos: Sim. Podemos verificar como posso ser útil. Ela sabe que João terá um futuro melhor sempre e enquanto ele viver comigo.

Também nas reuniões conjuntas e privadas, o mediador poderá utilizar as perguntas circulares, ou seja, colocar um no lugar do outro.

Mediador: Sr.ª Maria, se João morasse com o pai em uma cidade pequena que não tivesse condições de dar boa formação a seu filho e a senhora morasse em outra cidade, mais desenvolvida, com melhores colégios, professores e universidade, e inclusive uma grande oportunidade de lazer, e, por isso, seu filho pudesse ter um futuro melhor, o que a senhora faria?

Mediador: Sr. Carlos, se o seu filho morasse com o senhor durante 10 anos e em um determinado momento a mãe dele decidisse requerer a guarda, o que o senhor faria?

Acontece que em alguns momentos a mediação não avança. Não sai do lugar e nenhum dos dois quer ceder. Uma ferramenta que poderá ser utilizada é a técnica da constelação sistêmica. O mediador pode propor a uma das partes ou a ambas um exercício ou uma atividade durante a reunião conjunta ou na reunião privada. Vai depender de como está se desenvolvendo a mediação. O mediador pode também combinar com as partes para suspender o procedimento para que elas possam participar de uma reunião de constelação sistêmica e depois retornar com o procedimento, no mesmo dia ou em outro.

Mediador: Sr.ª Maria, como não estamos avançando na mediação, gostaria de propor uma atividade que talvez ajude a entender o porquê do conflito. A Sr.ª gostaria de participar?

Maria: Não sei que atividade é essa, porém, para tentar resolver esta situação, eu aceito.

A constelação poderá ser feita com bonecos ou pessoas. O mediador pode chamar estagiários (alunos) ou outras pessoas que estejam na câmara para participar dessa atividade.

A intenção do mediador é apresentar à parte o conflito em outra perspectiva, por outro ângulo, agora por intermédio de representantes. É que, na constelação sistêmica, algo que está oculto pode ser revelado, até fatos ocorridos em gerações passadas e que façam com que as pessoas se comportem daquela maneira, repetindo comportamentos dos seus antepassados, por amor a eles.

O mediador explicou como funcionava o exercício e pediu que a Sr.ª Maria escolhesse, entre as pessoas do grupo, uma para que a representasse, outra para o Sr. Carlos e outra para seu filho, e os posicionasse no lugar que achasse melhor.

Maria posicionou o representante do filho de pé, o da mãe junto ao filho e o pai afastado. Maria escolheu ainda uma representante para sua irmã e outra para sua mãe.

O mediador pediu a concentração de todos para que o campo energético pudesse atuar.

Depois de alguns minutos, o Mediador perguntou à representante de Maria como ela se sentia.

Representante de Maria: Não quero falar com ele. O que ele quer é tirar o meu filho.

O Mediador perguntou ao representante do Sr. Carlos se queria dizer algo.

Representante de Carlos: Eu me sinto mal. Quero o meu filho perto de mim, porém não quero entrar em disputa com Maria por ele. Ocorre que ela dificulta o meu encontro com ele.

O representante do filho olha para o pai, mas se sente preso à sua mãe, à tia e à avó.

No caso apresentado, foi verificado que se tratava de uma alienação parental que a mãe fazia com a criança em relação ao pai e que tinha forte influência da tia e da avó dessa criança.

O mediador escolheu uma pessoa para representar o advogado de Carlos e a posicionou ao seu lado, e outra para representar a advogada de Maria, fazendo o mesmo.

Carlos e Maria se olhavam, um com raiva do outro.

O mediador pergunta ao representante da criança com quem ela queria morar.

Representante da criança: Prefiro morar com meu pai. Mas minha mãe dificulta esse encontro. Como ainda sou uma criança, eles terão que decidir.

A representante da mãe de Maria, com um comportamento arrogante, não dizia uma palavra.

Representante da Tia: João tem que ficar com a nossa família. Ele não precisa do seu pai. Nós cuidamos dele.

O mediador diz à representante de Maria: *Diga à sua mãe: Eu faço isso por amor a você.*

Representante de Maria: Eu faço isso por amor a você.

O mediador para a representante da mãe de Maria*: Repita: Não quero que a minha filha cometa o mesmo erro que eu cometi. Não deixei que o seu pai a levasse para morar com ele. Eu sempre dificultava* esses encontros.

A representante da mãe de Maria não quis repetir. Permaneceu calada.

O mediador à representante da mãe de Maria: *Repita: Eu assumo a minha responsabilidade.*

Representante da Mãe de Maria: Eu assumo a minha responsabilidade.

O mediador pediu à representante da mãe de Maria que repetisse a frase anterior quando ela ficou calada.

Representante da Mãe de Maria: Não quero que a minha filha cometa o mesmo erro que cometi. Não deixei que o seu pai a levasse para morar com ele. E dificultava esses encontros.

Mediador (para a representante da mãe de Maria): Você está livre para criar o seu filho como achar melhor.

Representante da Mãe de Maria: Você está livre para criar seu filho como achar melhor.

Com essas palavras, a mãe de Maria ajuda a libertar a criança da alienação parental e a libera para ver o melhor para seu filho.

Ao olhar para o filho, a representante de Maria autoriza que o representante da criança fosse em direção a seu pai.

Mediador: Maria, como se sente agora?

Maria: Agora estou bem.

Mediador: E você, Carlos?

Carlos: Estou realizado porque poderei levar o meu filho para morar comigo.

Mediador (pergunta ao representante da criança): Como se sente?

R. da Criança: Estou bem. Vou morar com o meu pai e não vou deixar a minha mãe triste.

A representação feita por pessoas, que não sabiam nada da história, demonstra uma possível solução para o conflito e com quem a criança deveria ficar. Na constelação sistêmica, Maria percebeu que era melhor para a criança viver ao lado do seu pai.

A partir dessas informações, o mediador poderá marcar uma nova reunião de mediação, que, depois das informações apresentadas, dará outro rumo para a resolução da controvérsia.

Na realidade, Maria estava seguindo o mesmo destino da sua mãe, ou seja, alienando o filho como ela foi alienada. A história estava se repetindo e podia seguir pelas próximas gerações. As pessoas ficam emaranhadas com gerações passadas e repetem o mesmo comportamento. É preciso romper com esse emaranhamento para que todos possam seguir os seus próprios destinos.

4.1.5 Quinta etapa: geração de ideias, opções e propostas

Ferramentas indicadas para essa etapa: escuta ativa, reuniões conjuntas e privadas, chuva de ideias (brainstorming), resumo.

No caso que vem sendo apresentado, foi verificado que: Carlos e Maria querem a divisão do imóvel; que Carlos quer a guarda do filho (João) e que vá morar com ele; que Maria quer também que o filho permaneça com ela; que ela não quer perder a pensão do filho porque está desempregada e que o valor repassado para João ajuda nas suas despesas pessoais; e que o direito de visita seja respeitado.

Identificados os interesses e necessidades das partes, nessa etapa, elas vão conjuntamente apresentar ideias que possam resolver o conflito e que atendam às expectativas de todos.

Pergunta de acesso: Como podemos atender aos interesses e às necessidades de um e do outro?

Essa pergunta poderá ser feita em reunião conjunta, se for possível. Não obstante esteja sendo conduzida por meio da reunião privada, o mediador a faz separadamente.

Mediador: Como podemos fazer para atender aos interesses do Sr. Carlos, que é transferir a guarda do seu filho para ele, para que ele possa estudar em um centro melhor e tenha mais oportunidades no futuro? E como podemos atender às necessidades de Maria, que além de perder a companhia do filho também perde a pensão que recebia?

Para esse momento, a ferramenta indicada é a chuva de ideias (*brainstorming*). O mediador explica às partes como a técnica pode ser útil para estimular que elas apresentem ideias que possam ajudar na solução do conflito. Sem criticar, as pessoas colocam no papel ideias que possam atender aos interesses e às necessidades das partes envolvidas. Quando chega a um número suficiente, é a hora de verificar, por meio de filtros objetivos e subjetivos, a possibilidade de implementar as ideias e gerar opções.

Mediador: Os senhores podem apresentar ideias que foram geradas e anotadas e que possam atender aos interesses e às necessidades de ambos?

Carlos: Tenho uma ideia. João passa a semana comigo e o final de semana com a mãe.

Maria: Proponho que nosso filho continue morando comigo e que Carlos pague um transporte para levá-lo todos os dias para a escola na capital.

Carlos: Dessa maneira sai muito caro.

Mediador: Sr. Carlos, como conversamos anteriormente, este não é o momento de fazer críticas.

Maria: Carlos pode alugar uma casa na capital, perto da escola, para eu morar com João. E, assim, ele fica também perto do filho.

Carlos: João vai morar comigo e eu pago à sua mãe 50% da pensão, por um ano, até que ela consiga um emprego e tenha sua própria renda. Inclusive ficaria com os finais de semana de 15 em 15 dias.

Depois de anotadas as ideias em conjunto, vamos aplicar os filtros, objetivos e subjetivos, para verificar a possibilidade de empregar as ideias e gerar opções.

Maria: Todos os dias não é possível e eu não posso pegá-lo todos os finais de semana.

Carlos: Pagar um transporte para levar João para a capital fica muito caro e é muito sacrifício para ele, já que tem que levantar muito cedo. Essa ideia para mim não é viável.

Maria: Bom, acredito que a última proposta de Carlos seja a mais conveniente. Podemos fazer uma experiência por um ano. Se der certo, continuaremos. João vai morar com Carlos e me paga o que ele prometeu, os 50% do valor da atual pensão, por um ano. Desse modo me ajudaria com as minhas despesas pessoais, até conseguir um emprego nesse período, e inclusive passaria os finais de semana de 15 em 15 dias com meu filho.

Quando as partes encontram as melhores opções, qualquer delas poderá fazer uma proposta.

Carlos: Maria, estamos de acordo que nosso filho vá morar comigo e eu lhe pagarei 50% do valor que lhe pagava antes, para ajudá-la nas suas despesas, até que você consiga um emprego, durante um prazo de um ano. Também fica acertado que você poderá pegá-lo nos finais de semana intercalados ou quando quiser, desde que me avise antes. Está de acordo?

María: Sim, estou de acordo.

Quando o diálogo está fluindo entre as partes, o mediador deverá somente administrar a mediação, sem interferir e sem perder o controle da reunião.

Mediador: Podemos fazer o acordo com esses termos?

Carlos e María: Sim. Pode ser assim.

4.1.6 Sexta e última etapa: o acordo e o encerramento da mediação

Ferramentas indicadas para essa etapa: escuta ativa, reuniões conjunta ou privada e perguntas fechadas.

O acordo é o registro de tudo o que foi combinado para a resolução da controvérsia. Ele poderá ser parcial ou total, verbal ou escrito, provisório ou definitivo. Se as partes somente conseguirem chegar a um consenso em relação a um tema de um total de três ou mais, pode fazer um acordo parcial. Os demais temas podem deixá-los para outra oportunidade. Fazendo esse acordo parcial, a mediação avança, e já há um passo dado para estimular a geração de confiança entre as partes e o mediador para que encontrem uma solução futura para os demais temas.

O acordo também pode ser feito por um tempo determinado, sendo possível, de tempos em tempos, fazer outras reuniões para rever os seus termos que foram acertados anteriormente: prazos, valores, objetos, quem vai cumprir etc., para não haver dúvidas no futuro.

Durante a elaboração do acordo, as partes, com seus respectivos advogados, devem participar para que não haja dúvidas na hora de assinar. Para isso, é recomendado que seja utilizado um projetor. Assim todos podem acompanhar dos seus lugares. Quando o acordo é finalizado, o mediador ou o secretário da audiência lerá a todos e perguntará se estão de acordo. Se todos estão, chega o momento final, que é de assiná-lo. Primeiro as partes, depois os advogados, o mediador e o comediador. Também podem assinar como testemunhas as outras pessoas que estão presentes.

Finalmente, depois do acordo assinado, o mediador agradece a presença de todos e encerra a reunião de mediação.

CONCLUSÃO

A mediação é um método de resolução de conflitos que pode ser utilizado individualmente ou durante a tramitação do processo judicial ou do procedimento arbitral. Vimos que na mediação o que prevalece é o diálogo e o entendimento entre as partes. Elas que chegaram ao conflito, que podem ter convivido com ele por vários anos; então as partes envolvidas são as melhores pessoas para encontrar uma saída. Não podemos esperar que um juiz, que não sabe nada da vida das pessoas, em um passe de mágica (sentença), diga qual é a melhor solução. Pode até resolver o processo, porém não consegue acabar com tal conflito, pois o mais provável é que este perdure ainda por vários anos.

Durante a leitura do livro, foi possível não só verificar como podemos preparar e conduzir, passo a passo, o procedimento de mediação, de uma maneira simples e segura, mas também como as partes, o mediador e os advogados deverão comportar-se durante a mediação, e, desse modo, encontrar uma melhor solução pacífica para o conflito.

Foi vista a importância da pré-mediação, que, se for bem trabalhada com as partes e os advogados, poderá ocorrer uma reunião mais tranquila, começando com um pré-acordo já desenhado ou, no mínimo, com algumas propostas antecipadas. Por isso, as entrevistas e os contatos prévios que são feitos na pré-mediação tem que ser realizados por uma pessoa bem preparada tecnicamente.

Também foi identificada a necessidade da preparação e da experiência do mediador.

Ele é o condutor e o controlador do procedimento, precisando ser cordial, ter confiança, saber atuar e estar seguro no que faz. O sucesso da mediação depende muito do trabalho do profissional. Para isso, é necessário muito estudo, dedicação e treinamento constante.

Para finalizar, este livro tratou sobre uma nova ferramenta, as constelações sistêmicas, que, com a sua aplicação, antes ou durante o processo judicial, tem tido bons resultados e facilitado o entendimento entre as partes.

REFERÊNCIAS

ALMEIDA, Tania. *Caixa de Ferramentas em Mediação*: Aportes práticos e teóricos. São Paulo: Dash, 2013.

BRASIL. *Lei nº 13.140*, de 26 de junho de 2015.

CARAM, María Elena; EILBAUM, Diana Teresa; RISOLÍA, Matilde. *Mediación*: diseño de una práctica. 2. ed. Buenos Aires: Librería Histórica, 2010.

DRAETTA, Ugo. *La otra cara del arbitraje*. Bogotá: Editorial Universidad del Rosario, 2012.

GOMES, Noêmia Aurélia. Pré-mediação: importante fase da mediação. *In*: *Mediação no Judiciário* – Teoria na prática. São Paulo: Primavera, 2011.

HELLINGER, Bert. *Constelações Familiares*: o reconhecimento das ordens do amor. São Paulo: Cultrix, 2007a.

HELLINGER, Bert. *Ordens do amor*: um guia para o trabalho com Constelações Familiares. São Paulo: Cultrix, 2007b.

LORENCINI, Marco Antônio Garcia Lopes. *In*: SALLES, Carlos Alberto de; LORENCINI, Marco Antônio Garcia Lopes; SILVA, Paulo Eduardo Alves da (coord.). *Negociação, Mediação e Arbitragem*: Curso Básico para programas de graduação de direito. Rio de Janeiro: Forense; São Paulo: Método, 2012.

NETO, João Baptista de Mello e Souza. *Mediação em Juízo*: abordagem prática para obtenção de um acordo justo. 2. ed. São Paulo: Atlas, 2012.

OLIVEIRA, João Alberto Santos de. *Métodos Adecuados de Solución de Conflictos*: Una Perspectiva en Brasil. Aracaju: Imphografic's, 2015.

SALES, Lilia Maia de Morias. Ouvidoria e Mediação: instrumentos de acesso à cidadania. *Revista Pensar*, Fortaleza, v. 11, 2006.

TARTUCE, Fernanda. *Mediação nos conflitos civis*. 2. ed. rev. atual. e ampl. Rio de Janeiro: Forense; São Paulo: Método, 2015.

VASCONCELOS, Carlos Eduardo de. *Mediação de conflitos e práticas restaurativas*. 2. ed. rev., atual. e ampl. Rio de Janeiro: Forense; São Paulo: Método, 2012.

SITES CONSULTADOS

https://conteudojuridico.com.br

https://www.wikipedia.org

http://www.rccim.com.br/a-sessao-de-mediacao

https://constelacaosistemica.wordpress.com/

http://metodosalternativos-marc.blogspot.com/. TROGÉ, Manuel Alvarez. Aprender a Abogar.

http://www.naoentreaki.com.br/

http://www.verbojuridico.com.br

https://www.abogaciasistemica.com.ar

LEI 13.140, DE 26 DE JUNHO DE 2015

MEDIAÇÃO

LEI Nº 13.140, DE 26 DE JUNHO DE 2015.

> Dispõe sobre a mediação entre particulares como meio de solução de controvérsias e sobre a autocomposição de conflitos no âmbito da administração pública; altera a Lei nº 9.469, de 10 de julho de 1997, e o Decreto nº 70.235, de 6 de março de 1972; e revoga o § 2º do art. 6º da Lei nº 9.469, de 10 de julho de 1997.

Art. 1º Esta Lei dispõe sobre a mediação como meio de solução de controvérsias entre particulares e sobre a autocomposição de conflitos no âmbito da administração pública.

Parágrafo único. Considera-se mediação a atividade técnica exercida por terceiro imparcial sem poder decisório, que, escolhido ou aceito pelas partes, as auxilia e estimula a identificar ou desenvolver soluções consensuais para a controvérsia.

CAPÍTULO I
DA MEDIAÇÃO

Seção I
Disposições Gerais

Art. 2º A mediação será orientada pelos seguintes princípios:

I - imparcialidade do mediador;

II - isonomia entre as partes;

III - oralidade;

IV - informalidade;

V - autonomia da vontade das partes;

VI - busca do consenso;

VII - confidencialidade;

VIII - boa-fé.

§ 1º Na hipótese de existir previsão contratual de cláusula de mediação, as partes deverão comparecer à primeira reunião de mediação.

§ 2º Ninguém será obrigado a permanecer em procedimento de mediação.

Art. 3º Pode ser objeto de mediação o conflito que verse sobre direitos disponíveis ou sobre direitos indisponíveis que admitam transação.

§ 1º A mediação pode versar sobre todo o conflito ou parte dele. § 2º O consenso das partes envolvendo direitos indisponíveis, mas transigíveis, deve ser homologado em juízo, exigida a oitiva do Ministério Público.

Seção II
Dos Mediadores

Subseção I
Disposições Comuns

Art. 4º O mediador será designado pelo tribunal ou escolhido pelas partes.

§ 1º O mediador conduzirá o procedimento de comunicação entre as partes, buscando o entendimento e o consenso e facilitando a resolução do conflito.

§ 2º Aos necessitados será assegurada a gratuidade da mediação.

Art. 5º Aplicam-se ao mediador as mesmas hipóteses legais de impedimento e suspeição do juiz.

Parágrafo único. A pessoa designada para atuar como mediador tem o dever de revelar às partes, antes da aceitação da função, qualquer fato ou circunstância que possa suscitar dúvida justificada em relação à sua imparcialidade para mediar o conflito, oportunidade em que poderá ser recusado por qualquer delas.

Art. 6º O mediador fica impedido, pelo prazo de um ano, contado do término da última audiência em que atuou, de assessorar, representar ou patrocinar qualquer das partes.

Art. 7º O mediador não poderá atuar como árbitro nem funcionar como testemunha em processos judiciais ou arbitrais pertinentes a conflito em que tenha atuado como mediador.

Art. 8º O mediador e todos aqueles que o assessoram no procedimento de mediação, quando no exercício de suas funções ou em razão delas, são equiparados a servidor público, para os efeitos da legislação penal.

Subseção II
Dos Mediadores Extrajudiciais

Art. 9º Poderá funcionar como mediador extrajudicial qualquer pessoa capaz que tenha a confiança das partes e seja capacitada para fazer mediação, independentemente de integrar qualquer tipo de conselho, entidade de classe ou associação, ou nele inscrever-se.

Art. 10. As partes poderão ser assistidas por advogados ou defensores públicos.

Parágrafo único. Comparecendo uma das partes acompanhada de advogado ou defensor público, o mediador suspenderá o procedimento, até que todas estejam devidamente assistidas.

Subseção III
Dos Mediadores Judiciais

Art. 11. Poderá atuar como mediador judicial a pessoa capaz, graduada há pelo menos dois anos em curso de ensino superior de instituição reconhecida pelo Ministério da Educação e que tenha obtido capacitação em escola ou instituição de formação de mediadores, reconhecida pela Escola Nacional de Formação e Aperfeiçoamento de Magistrados - ENFAM ou pelos tribunais, observados os requisitos mínimos estabelecidos pelo Conselho Nacional de Justiça em conjunto com o Ministério da Justiça.

Art. 12. Os tribunais criarão e manterão cadastros atualizados dos mediadores habilitados e autorizados a atuar em mediação judicial.

§ 1º A inscrição no cadastro de mediadores judiciais será requerida pelo interessado ao tribunal com jurisdição na área em que pretenda exercer a mediação.

§ 2º Os tribunais regulamentarão o processo de inscrição e desligamento de seus mediadores.

Art. 13. A remuneração devida aos mediadores judiciais será fixada pelos tribunais e custeada pelas partes, observado o disposto no § 2º do art. 4º desta Lei.

Seção III
Do Procedimento de Mediação

Subseção I
Disposições Comuns

Art. 14. No início da primeira reunião de mediação, e sempre que julgar necessário, o mediador deverá alertar as partes acerca das regras de confidencialidade aplicáveis ao procedimento.

Art. 15. A requerimento das partes ou do mediador, e com anuência daquelas, poderão ser admitidos outros mediadores para funcionarem no mesmo procedimento, quando isso for recomendável em razão da natureza e da complexidade do conflito.

Art. 16. Ainda que haja processo arbitral ou judicial em curso, as partes poderão submeter-se à mediação, hipótese em que requererão ao juiz ou árbitro a suspensão do processo por prazo suficiente para a solução consensual do litígio.

§ 1º É irrecorrível a decisão que suspende o processo nos termos requeridos de comum acordo pelas partes.

§ 2º A suspensão do processo não obsta a concessão de medidas de urgência pelo juiz ou pelo árbitro.

Art. 17. Considera-se instituída a mediação na data para a qual for marcada a primeira reunião de mediação.

Parágrafo único. Enquanto transcorrer o procedimento de mediação, ficará suspenso o prazo prescricional.

Art. 18. Iniciada a mediação, as reuniões posteriores com a presença das partes somente poderão ser marcadas com a sua anuência.

Art. 19. No desempenho de sua função, o mediador poderá reunir-se com as partes, em conjunto ou separadamente, bem como solicitar das partes as informações que entender necessárias para facilitar o entendimento entre aquelas.

Art. 20. O procedimento de mediação será encerrado com a lavratura do seu termo final, quando for celebrado acordo ou quando não se justificarem novos esforços para a obtenção de consenso, seja por declaração do mediador nesse sentido ou por manifestação de qualquer das partes.

Parágrafo único. O termo final de mediação, na hipótese de celebração de acordo, constitui título executivo extrajudicial e, quando homologado judicialmente, título executivo judicial.

Subseção II
Da Mediação Extrajudicial

Art. 21. O convite para iniciar o procedimento de mediação extrajudicial poderá ser feito por qualquer meio de comunicação e deverá estipular o escopo proposto para a negociação, a data e o local da primeira reunião.

Parágrafo único. O convite formulado por uma parte à outra considerar-se-á rejeitado se não for respondido em até trinta dias da data de seu recebimento.

Art. 22. A previsão contratual de mediação deverá conter, no mínimo:

I - prazo mínimo e máximo para a realização da primeira reunião de mediação, contado a partir da data de recebimento do convite;

II - local da primeira reunião de mediação;

III - critérios de escolha do mediador ou equipe de mediação;

IV - penalidade em caso de não comparecimento da parte convidada à primeira reunião de mediação.

§ 1º A previsão contratual pode substituir a especificação dos itens acima enumerados pela indicação de regulamento, publicado por instituição idônea prestadora de serviços de mediação, no qual constem critérios claros para a escolha do mediador e realização da primeira reunião de mediação.

§ 2º Não havendo previsão contratual completa, deverão ser observados os seguintes critérios para a realização da primeira reunião de mediação:

I - prazo mínimo de dez dias úteis e prazo máximo de três meses, contados a partir do recebimento do convite;

II - local adequado a uma reunião que possa envolver informações confidenciais;

III - lista de cinco nomes, informações de contato e referências profissionais de mediadores capacitados; a parte convidada poderá escolher, expressamente, qualquer um dos cinco mediadores e, caso a parte convidada não se manifeste, considerar-se-á aceito o primeiro nome da lista;

IV - o não comparecimento da parte convidada à primeira reunião de mediação acarretará a assunção por parte desta de cinquenta por cento das custas e honorários sucumbenciais caso venha a ser vencedora em procedimento arbitral ou judicial posterior, que envolva o escopo da mediação para a qual foi convidada.

§ 3º Nos litígios decorrentes de contratos comerciais ou societários que não contenham cláusula de mediação, o mediador extrajudicial somente cobrará por seus serviços caso as partes decidam assinar o termo inicial de mediação e permanecer, voluntariamente, no procedimento de mediação.

Art. 23. Se, em previsão contratual de cláusula de mediação, as partes se comprometerem a não iniciar procedimento arbitral ou processo judicial durante certo prazo ou até o implemento de determinada condição, o árbitro ou o juiz suspenderá o curso da arbitragem ou da ação pelo prazo previamente acordado ou até o implemento dessa condição.

Parágrafo único. O disposto no caput não se aplica às medidas de urgência em que o acesso ao Poder Judiciário seja necessário para evitar o perecimento de direito.

Subseção III
Da Mediação Judicial

Art. 24. Os tribunais criarão centros judiciários de solução consensual de conflitos, responsáveis pela realização de sessões e audiências de conciliação e mediação, pré-processuais e processuais, e pelo desenvolvimento de programas destinados a auxiliar, orientar e estimular a autocomposição.

Parágrafo único. A composição e a organização do centro serão definidas pelo respectivo tribunal, observadas as normas do Conselho Nacional de Justiça.

Art. 25. Na mediação judicial, os mediadores não estarão sujeitos à prévia aceitação das partes, observado o disposto no art. 5º desta Lei.

Art. 26. As partes deverão ser assistidas por advogados ou defensores públicos, ressaalvadas as hipóteses previstas nas Leis n°s 9.099, de 26 de setembro de 1995, e 10.259, de 12 de julho de 2001.

Parágrafo único. Aos que comprovarem insuficiência de recursos será assegurada assistência pela Defensoria Pública.

Art. 27. Se a petição inicial preencher os requisitos essenciais e não for o caso de improcedência liminar do pedido, o juiz designará audiência de mediação.

Art. 28. O procedimento de mediação judicial deverá ser concluído em até sessenta dias, contados da primeira sessão, salvo quando as partes, de comum acordo, requererem sua prorrogação.

Parágrafo único. Se houver acordo, os autos serão encaminhados ao juiz, que determinará o arquivamento do processo e, desde que requerido pelas partes, homologará o acordo, por sentença, e o termo final da mediação e determinará o arquivamento do processo.

Art. 29. Solucionado o conflito pela mediação antes da citação do réu, não serão devidas custas judiciais finais.

Seção IV
Da Confidencialidade e suas Exceções

Art. 30. Toda e qualquer informação relativa ao procedimento de mediação será confidencial em relação a terceiros, não podendo ser revelada sequer em processo arbitral ou judicial salvo se as partes expressamente decidirem de forma diversa ou quando sua divulgação for exigida por lei ou necessária para cumprimento de acordo obtido pela mediação.

§ 1º O dever de confidencialidade aplica-se ao mediador, às partes, a seus prepostos, advogados, assessores técnicos e a outras pessoas de sua confiança que tenham, direta ou indiretamente, participado do procedimento de mediação, alcançando:

I - declaração, opinião, sugestão, promessa ou proposta formulada por uma parte à outra na busca de entendimento para o conflito;

II - reconhecimento de fato por qualquer das partes no curso do procedimento de mediação;

III - manifestação de aceitação de proposta de acordo apresentada pelo mediador;

IV - documento preparado unicamente para os fins do procedimento de mediação.

§ 2º A prova apresentada em desacordo com o disposto neste artigo não será admitida em processo arbitral ou judicial.

§ 3º Não está abrigada pela regra de confidencialidade a informação relativa à ocorrência de crime de ação pública.

§ 4º A regra da confidencialidade não afasta o dever de as pessoas discriminadas no caput prestarem informações à administração tributária após o termo final da mediação, aplicando-se aos seus servidores a obrigação de manterem sigilo das informações compartilhadas nos termos do art. 198 da Lei nº 5.172, de 25 de outubro de 1966 - Código Tributário Nacional.

Art. 31. Será confidencial a informação prestada por uma parte em sessão privada, não podendo o mediador revelá-la às demais, exceto se expressamente autorizado.

CAPÍTULO II
DA AUTOCOMPOSIÇÃO DE CONFLITOS EM QUE FOR PARTE PESSOA JURÍDICA DE DIREITO PÚBLICO

Seção I
Disposições Comuns

Art. 32. A União, os Estados, o Distrito Federal e os Municípios poderão criar câmaras de prevenção e resolução administrativa de conflitos, no âmbito dos respectivos órgãos da Advocacia Pública, onde houver, com competência para:

I - dirimir conflitos entre órgãos e entidades da administração pública;

II - avaliar a admissibilidade dos pedidos de resolução de conflitos, por meio de composição, no caso de controvérsia entre particular e pessoa jurídica de direito público;

III - promover, quando couber, a celebração de termo de ajustamento de conduta.

§ 1º O modo de composição e funcionamento das câmaras de que trata o caput será estabelecido em regulamento de cada ente federado.

§ 2º A submissão do conflito às câmaras de que trata o caput é facultativa e será cabível apenas nos casos previstos no regulamento do respectivo ente federado.

§ 3º Se houver consenso entre as partes, o acordo será reduzido a termo e constituirá título executivo extrajudicial.

§ 4º Não se incluem na competência dos órgãos mencionados no caput deste artigo as controvérsias que somente possam ser resolvidas por atos ou concessão de direitos sujeitos a autorização do Poder Legislativo.

§ 5º Compreendem-se na competência das câmaras de que trata o caput a prevenção e a resolução de conflitos que envolvam equilíbrio econômico-financeiro de contratos celebrados pela administração com particulares.

Art. 33. Enquanto não forem criadas as câmaras de mediação, os conflitos poderão ser dirimidos nos termos do procedimento de mediação previsto na Subseção I da Seção III do Capítulo I desta Lei.

Parágrafo único. A Advocacia Pública da União, dos Estados, do Distrito Federal e dos Municípios, onde houver, poderá instaurar, de ofício ou mediante provocação, procedimento de mediação coletiva de conflitos relacionados à prestação de serviços públicos.

Art. 34. A instauração de procedimento administrativo para a resolução consensual de conflito no âmbito da administração pública suspende a prescrição.

§ 1º Considera-se instaurado o procedimento quando o órgão ou entidade pública emitir juízo de admissibilidade, retroagindo a suspensão da prescrição à data de formalização do pedido de resolução consensual do conflito.

§ 2º Em se tratando de matéria tributária, a suspensão da prescrição deverá observar o disposto na Lei nº 5.172, de 25 de outubro de 1966 - Código Tributário Nacional.

Seção II
Dos Conflitos Envolvendo a Administração Pública Federal Direta, suas Autarquias e Fundações

Art. 35. As controvérsias jurídicas que envolvam a administração pública federal direta, suas autarquias e fundações poderão ser objeto de transação por adesão, com fundamento em:

I - autorização do Advogado-Geral da União, com base na jurisprudência pacífica do Supremo Tribunal Federal ou de tribunais superiores; ou

II - parecer do Advogado-Geral da União, aprovado pelo Presidente da República.

§ 1º Os requisitos e as condições da transação por adesão serão definidos em resolução administrativa própria.

§ 2º Ao fazer o pedido de adesão, o interessado deverá juntar prova de atendimento aos requisitos e às condições estabelecidos na resolução administrativa.

§ 3º A resolução administrativa terá efeitos gerais e será aplicada aos casos idênticos, tempestivamente habilitados mediante pedido de adesão, ainda que solucione apenas parte da controvérsia.

§ 4º A adesão implicará renúncia do interessado ao direito sobre o qual se fundamenta a ação ou o recurso, eventualmente pendentes, de natureza administrativa ou judicial, no que tange aos pontos compreendidos pelo objeto da resolução administrativa.

§ 5º Se o interessado for parte em processo judicial inaugurado por ação coletiva, a renúncia ao direito sobre o qual se fundamenta a ação deverá ser expressa, mediante petição dirigida ao juiz da causa.

§ 6º A formalização de resolução administrativa destinada à transação por adesão não implica a renúncia tácita à prescrição nem sua interrupção ou suspensão.

Art. 36. No caso de conflitos que envolvam controvérsia jurídica entre órgãos ou entidades de direito público que integram a administração pública federal, a Advocacia-Geral da União deverá realizar composição extrajudicial do conflito, observados os procedimentos previstos em ato do Advogado-Geral da União.

§ 1º Na hipótese do caput, se não houver acordo quanto à controvérsia jurídica, caberá ao Advogado-Geral da União dirimi-la, com fundamento na legislação afeta.

§ 2º Nos casos em que a resolução da controvérsia implicar o reconhecimento da existência de créditos da União, de suas autarquias e fundações em face de pessoas jurídicas de direito público federais, a Advocacia-Geral da União poderá solicitar ao Ministério do Planejamento, Orçamento e Gestão a adequação orçamentária para quitação das dívidas reconhecidas como legítimas.

§ 3º A composição extrajudicial do conflito não afasta a apuração de responsabilidade do agente público que deu causa à dívida, sempre que se verificar que sua ação ou omissão constitui, em tese, infração disciplinar.

§ 4º Nas hipóteses em que a matéria objeto do litígio esteja sendo discutida em ação de improbidade administrativa ou sobre ela haja decisão do Tribunal de Contas da União, a conciliação de que trata o caput dependerá da anuência expressa do juiz da causa ou do Ministro Relator.

Art. 37. É facultado aos Estados, ao Distrito Federal e aos Municípios, suas autarquias e fundações públicas, bem como às empresas públicas e sociedades de economia mista federais, submeter seus litígios com órgãos ou entidades da administração pública federal à Advocacia-Geral da União, para fins de composição extrajudicial do conflito.

Art. 38. Nos casos em que a controvérsia jurídica seja relativa a tributos administrados pela Secretaria da Receita Federal do Brasil ou a créditos inscritos em dívida ativa da União:

I - não se aplicam as disposições dos incisos II e III do caput do art. 32;

II - as empresas públicas, sociedades de economia mista e suas subsidiárias que explorem atividade econômica de produção ou comercialização de bens ou de prestação de serviços em regime de concorrência não poderão exercer a faculdade prevista no art. 37;

III - quando forem partes as pessoas a que alude o caput do art. 36:

a) a submissão do conflito à composição extrajudicial pela Advocacia-Geral da União implica renúncia do direito de recorrer ao Conselho Administrativo de Recursos Fiscais;

b) a redução ou o cancelamento do crédito dependerá de manifestação conjunta do Advogado-Geral da União e do Ministro de Estado da Fazenda.

Parágrafo único. O disposto no inciso II e na alínea *a* do inciso III não afasta a competência do Advogado-Geral da União prevista nos incisos X e XI do art. 4º da Lei Complementar nº 73, de 10 de fevereiro de 1993.

Art. 39. A propositura de ação judicial em que figurem concomitantemente nos polos ativo e passivo órgãos ou entidades de direito público que integrem a administração pública federal deverá ser previamente autorizada pelo Advogado-Geral da União.

Art. 40. Os servidores e empregados públicos que participarem do processo de composição extrajudicial do conflito, somente poderão ser responsabilizados civil, administrativa ou criminalmente quando, mediante dolo ou fraude, receberem qualquer vantagem patrimonial indevida, permitirem ou facilitarem sua recepção por terceiro, ou para tal concorrerem.

CAPÍTULO III
DISPOSIÇÕES FINAIS

Art. 41. A Escola Nacional de Mediação e Conciliação, no âmbito do Ministério da Justiça, poderá criar banco de dados sobre boas práticas em mediação, bem como manter relação de mediadores e de instituições de mediação.

Art. 42. Aplica-se esta Lei, no que couber, às outras formas consensuais de resolução de conflitos, tais como mediações comunitárias e escolares, e àquelas levadas a efeito nas serventias extrajudiciais, desde que no âmbito de suas competências.

Parágrafo único. A mediação nas relações de trabalho será regulada por lei própria.

Art. 43. Os órgãos e entidades da administração pública poderão criar câmaras para a resolução de conflitos entre particulares, que versem sobre atividades por eles reguladas ou supervisionadas.

Art. 44. Os arts. 1º e 2º da Lei nº 9.469, de 10 de julho de 1997, passam a vigorar com a seguinte redação:

"Art. 1º O Advogado-Geral da União, diretamente ou mediante delegação, e os dirigentes máximos das empresas públicas federais, em conjunto com o dirigente estatutário da área afeta ao assunto, poderão autorizar a realização de acordos ou transações para prevenir ou terminar litígios, inclusive os judiciais.

§ 1º Poderão ser criadas câmaras especializadas, compostas por servidores públicos ou empregados públicos efetivos, com o objetivo de analisar e formular propostas de acordos ou transações.

§ 3º Regulamento disporá sobre a forma de composição das câmaras de que trata o § 1º, que deverão ter como integrante pelo menos um membro efetivo da Advocacia-Geral da União ou, no caso das empresas públicas, um assistente jurídico ou ocupante de função equivalente.

§ 4º Quando o litígio envolver valores superiores aos fixados em regulamento, o acordo ou a transação, sob pena de nulidade, dependerá de prévia e expressa autorização do Advogado-Geral da União e do Ministro de Estado a cuja área de competência estiver afeto o assunto, ou ainda do Presidente da Câmara dos Deputados, do Senado Federal, do Tribunal de Contas da União, de Tribunal ou Conselho, ou do Procurador-Geral da República, no caso de interesse dos órgãos dos Poderes Legislativo e Judiciário ou do Ministério Público da União, excluídas as empresas públicas federais não dependentes, que necessitarão apenas de prévia e expressa autorização dos dirigentes de que trata o caput.

§ 5º Na transação ou acordo celebrado diretamente pela parte ou por intermédio de procurador para extinguir ou encerrar processo judicial, inclusive os casos de extensão administrativa de pagamentos postulados em juízo, as partes poderão definir a responsabilidade de cada uma pelo pagamento dos honorários dos respectivos advogados." (NR)

"Art. 2º O Procurador-Geral da União, o Procurador-Geral Federal, o Procurador-Geral do Banco Central do Brasil e os dirigentes das empresas públicas federais mencionadas no caput do art. 1º poderão autorizar, diretamente ou mediante delegação, a realização de acordos para prevenir ou terminar, judicial ou extrajudicialmente, litígio que envolver valores inferiores aos fixados em regulamento.

§ 1º No caso das empresas públicas federais, a delegação é restrita a órgão colegiado formalmente constituído, composto por pelo menos um dirigente estatutário.

§ 2º O acordo de que trata o caput poderá consistir no pagamento do débito em parcelas mensais e sucessivas, até o limite máximo de sessenta.

§ 3º O valor de cada prestação mensal, por ocasião do pagamento, será acrescido de juros equivalentes à taxa referencial do Sistema Especial de Liquidação e de Custódia - SELIC para títulos federais, acumulada mensalmente, calculados a partir do mês subsequente ao da consolidação até o mês anterior ao do pagamento e de um por cento relativamente ao mês em que o pagamento estiver sendo efetuado.

§ 4º Inadimplida qualquer parcela, após trinta dias, instaurar-se-á o processo de execução ou nele prosseguir-se-á, pelo saldo." (NR)

Art. 45. O Decreto nº 70.235, de 6 de março de 1972, passa a vigorar acrescido do seguinte art. 14-A:

"Art. 14-A. No caso de determinação e exigência de créditos tributários da União cujo sujeito passivo seja órgão ou entidade de direito público da administração pública federal, a submissão do litígio à composição extrajudicial pela Advocacia-Geral da União é considerada reclamação, para fins do disposto no inciso III do art. 151 da Lei nº 5.172, de 25 de outubro de 1966 - Código Tributário Nacional."

Art. 46. A mediação poderá ser feita pela internet ou por outro meio de comunicação que permita a transação à distância, desde que as partes estejam de acordo.

Parágrafo único. É facultado à parte domiciliada no exterior submeter-se à mediação segundo as regras estabelecidas nesta Lei.

Art. 47. Esta Lei entra em vigor após decorridos cento e oitenta dias de sua publicação oficial.

Art. 48. Revoga-se o § 2º do art. 6º da Lei nº 9.469, de 10 de julho de 1997.

Brasília, 26 de junho de 2015; 194º da Independência e 127º da República.

DILMA ROUSSEFF
José Eduardo Cardozo
Joaquim Vieira Ferreira Levy
Nelson Barbosa
Luís Inácio Lucena Adams

ANEXOS

FORMULÁRIOS UTILIZADOS NO PROCEDIMENTO DE MEDIAÇÃO)

SOLICITAÇÃO DA MEDIAÇÃO
SM nº XX /2017

1) IDENTIFICAÇÃO DO SOLICITANTE

Nome:
Endereço:
Bairro: Cidade:
CPF: Nº do RG:
E-mail: Telefone:

O solicitante concorda em resolver seu problema, por meio do procedimento de mediação. Quer ainda a convocação da outra parte para participar da reunião de mediação, abaixo indicada.

2) IDENTIFICAÇÃO DO SOLICITADO

Nome:
Endereço:
Bairro: Cidade:
CPF: Nº do RG:
E-mail: Telefone:

RELATO DO CONFLITO:

HONORÁRIOS INICIAIS DA MEDIAÇÃO:

1) DATA PREVISTA DA REUNIÃO: / / 2017
2) HORÁRIO:

Aracaju, de de 2017.

SOLICITANTE

SECRETÁRIO DA CÂMARA

REGISTRO DOS PARTICIPANTES

MEDIAÇÃO Nº: / 2017
SESSÃO: Conjunta ( ) Individual ( ) Final ( )

SOLICITANTE

Nome:
Endereço: Bairro:
Cidade:
Número do RG: Nº do CPF:
Telefone:
E-mail:
Advogado: Telefone:
Representante do solicitante:
Endereço:
Cidade: elefone:

SOLICITADO(A)

Nome:
Endereço:
Cidade:
Número do RG: Nº do CPF:
Telefone:
E-mail:
Advogado: Telefone:
Representante do solicitante:
Endereço:
Cidade: Telefone:

Ilmo(a). Sr(a).
FULANO DE TAL
Rua: XXXXX, nº Xx
Bairro: xxxxx
CEP: 49.0000-000 – Aracaju/SE

CARTA CONVITE

Aracaju, de de 2017.

Prezado(a) Senhor(a),

Diante da SOLICITAÇÃO DE MEDIAÇÃO de nº **XX /2017**, efetuada pelo Senhor(a) **XXXX**, vimos pelo presente instrumento convidá-lo(a) a comparecer ao endereço abaixo descrito, no dia **xx / xx / 2017**, no horário **das xx horas**, a fim de participar da Sessão de Mediação para resolver a questão trazida de forma rápida e amigável.

FATO:

PEDIDO:

Atenciosamente,

SECRETÁRIO DA CÂMARA

TERMO DE COMPROMISSO DE MEDIAÇÃO

PRÉ-MEDIAÇÃO

MEDIAÇÃO Nº: / 2017 DATA:
SOLICITANTE:
SOLICITADO(A):

As partes acima nomeadas, de livre e espontânea vontade, concordam em resolver as suas controvérsias por meio do procedimento de MEDIAÇÃO, declarando conhecer e aceitar as normas que regem o procedimento e, em especial:

1. A Mediação é um procedimento extrajudicial e privado de solução de conflitos, cooperativo, informal, célere, sigiloso e voluntário, realizado **pela Câmara de Mediação e Arbitragem,** com sede à **Rua da Maré, 100, Edifício Cidade, 1º Andar, Sala 101 - Centro, CEP 49.000-000 - Aracaju/SE.**

2. A duração das sessões de Mediação, o encerramento e a desistência serão decididos de comum acordo entre as partes.

3. Os mediadores, comediadores e observadores – profissionais capacitados – atuarão de forma imparcial, independente, e conduzirão a sessão de forma a facilitar o diálogo entre as partes, em busca da solução ao conflito apresentado.

4. As partes poderão estar representadas por procuradores, devidamente credenciados, bem como consultar ou se fazer acompanhar por advogados.

5. Durante a sessão de Mediação, os mediadores, comediadores e observadores seguirão, rigorosamente, o Regulamento e o Código de Ética para Mediadores.

6. O Termo de Acordo de Mediação produz efeito imediato entre as partes, com força de título executivo extrajudicial e, caso queiram, homologação judicial.

7. As sessões serão realizadas de forma estritamente confidencial, e o mediador não poderá ser testemunha em qualquer processo que oponha as partes em tribunal sobre a questão que foi tratada em Mediação,

nem o que foi tratado pode ser usado em processo judicial, exceto em atendimento à decisão judicial ou por força de Lei.

8. Os mediadores cuidarão para que haja equilíbrio na participação e observância aos princípios e regras explicados na Declaração de Abertura, não podendo ser responsabilizados por quaisquer atos ou omissões das partes durante a sessão.

SOLICITANTE:

SOLICITADO(A):

TERMO DE COMPROMISSO DE SIGILO

Eu, **XXXX**, portador do CPF nº **XXXX**, residente e domiciliado(a) na XXXX, cidade de Aracaju, Estado de Sergipe, interessado(a) nesse procedimento de Mediação, ASSUMO o compromisso de manter sigilo absoluto quanto aos assuntos tratados na Sessão de Mediação nº **XX**/2017, realizada na sede do **ISAM – Instituto Sergipano de Arbitragem e Mediação**.

Aracaju, **de de 2017.**

_____
Interessado(a)

TERMO DE ENCERRAMENTO DE MEDIAÇÃO SEM ACORDO

MEDIAÇÃO nº: XX / 2017
MEDIANDO(A):
MEDIADO(A):
MEDIADOR(A):
COMEDIADOR(A):

Por meio do procedimento de Mediação, realizado sob a supervisão e coordenação da câmara [...], as partes dão por encerrado e finalizado o procedimento de Mediação, **sem êxito** na tentativa de solucionarem o conflito aqui trazido.

O encerramento da Mediação não outorgará a qualquer das partes direito à indenização a qualquer título, nem poderá ser utilizada como argumento em eventual processo judicial.

Aracaju, de de 2017.

MEDIADOR(A)
COMEDIADOR(A) OBSERVADOR(A)
MEDIANDO(A): _____
MEDIADO(A): _____

TERMO DE ENCERRAMENTO DE MEDIAÇÃO COM ACORDO

MEDIAÇÃO Nº: XX / 2017
MEDIANDO(A):
MEDIADO(A):
MEDIADOR(A):
COMEDIADOR(A):

    Aberta a Sessão de Mediação, comparecem à câmara [...], denominado(a) como Mediando(a), o(a) Sr(a). **XXXX,** desacompanhado(a) de advogado e denominado(a) como Mediado(a), o(a) Sr(a). **XXXX,** desacompanhado(a) de advogado.

    Face à disposição das partes em participar da Sessão, visando à resolução do conflito de forma consensual, **restou exitosa a Mediação proposta**, mediante a especificação do acordo nas seguintes condições:
(modelo depende da espécie de demanda)

Aracaju, de de 2017.

MEDIADOR(A)

COMEDIADOR(A)

OBSERVADOR(A)

MEDIANDO(A): _____

MEDIADO(A): _____

PEDIDO DE DESISTÊNCIA E ARQUIVAMENTO

MEDIAÇÃO Nº: / 2017

MEDIANDO(A):

MEDIADO(A):

 A parte **XXXX** requer: DESISTÊNCIA E ARQUIVAMENTO, pelos seguintes motivos:

 A desistência e arquivamento da Mediação não outorgará a qualquer das partes direito à indenização a qualquer título, nem poderá ser utilizada como argumento em eventual processo judicial.

Aracaju, de de 2017.

DESISTENTE

CIENTE – MEDIADOR(A)